中华文脉
SINIC CONTEXT

从中原到中国

王战营 / 主编

中华文脉
SINIC CONTEXT

从中原到中国

王战营 / 主编

英雄时代

陈文新品评多维三国

陈文新 著

中原出版传媒集团
中原传媒股份公司
河南人民出版社

图书在版编目（CIP）数据

英雄时代：陈文新品评多维三国 / 陈文新著．—郑州：河南人民出版社，2022.12
ISBN 978-7-215-13172-9

Ⅰ．①多… Ⅱ．①陈… Ⅲ．①中国历史—三国时代—通俗读物 Ⅳ．①K236.09

中国版本图书馆CIP数据核字(2021)第143768号

英雄时代：陈文新品评多维三国
陈文新 著

出 版 人：李向午
选题统筹：张存威 杨 光
责任编辑：张 岩 张珺楠
封面设计：张 坦
责任校对：吴 曦

出版发行：河南人民出版社（郑州市郑东新区祥盛街27号 邮政编码 450016）
发行部 0371-65788036

经 销：各地新华书店经销
印 刷：河南博雅彩印有限公司
开 本：720mm×1020mm 1/16
印 张：13.25
字 数：142千字
版 次：2022年12月第1版 2022年12月第1次印刷
定 价：52.00元

目录

引言

《三国演义》，全称《三国志通俗演义》，简称《三国演义》，这是中国文学史上第一部长篇章回小说，也是中国古代成就最高的历史演义即长篇历史小说。

《三国演义》的成书，受到三个因素的影响：历史资料，民间故事，文人改编。与三国故事有关的历史资料，主要是西晋陈寿的《三国志》和刘宋裴松之为《三国志》所作的注。三国故事在民间的流传方式，主要是“说话”（讲故事）和演戏。宋代“说话”之“讲史”门中有专说“三分”的艺人，如霍四究（见孟元老《东京梦华录》卷五）。现存的文献有两部元代刻印的讲史话本：《三国志平话》和《三分事略》。金元时期的戏曲舞台上出现了大量的三国戏。据《录鬼簿》《太和正音谱》等记载，元杂剧中有60多种三国戏，现存《关大王单刀会》《刘玄德独赴襄阳会》等21种。民间流传的三国故事，其特点是“俗”，具体表现为热闹有趣的故事、诙谐幽默的风格和尊刘抑曹的倾向。刘、关、张都富于草莽英雄气息，而张飞的形象尤为突出。

《三国演义》大约成书于元末明初，作者是元明之际的罗贯中。

《三国演义》以三国时期的“兴废争战”为题材，始于黄巾起义（公元184年），终于“三分归一统”（公元280年）。其核心内容，大体包括“历史的三国”“民间的三国”和“掌故的三国”。

“历史的三国”主要取材于《三国志》及其注，以曹操为中心，从总结历史经验的角度写他统一北方的历程，其中对官渡之战的描写尤为典型。在“历史的三国”中，道德评价相应地减弱了其重要性，肯定甚至赞赏曹操的“术”（解决政治、军事问题的技巧）构成相关情节的内在意蕴。毛宗岗《读三国志法》称曹操是“古今来奸雄中第一奇人”。曹操之奇，奇在智谋过人，即“智足以揽人才而欺天下”。就“智足以揽人才”而言，人才乐于为曹操所用。首先，是因为他慧眼识人并想方设法加以笼络；其次，无论是武将，还是谋士，只要为曹操效力，总能得到物质、荣誉、地位等方面的回报。尤其是对于谋士，曹操尊重他们的建议，肯定他们的智慧，而这正是谋士们所追求的人生价值之所在。“智足以欺天下”包括了两个侧面：一是曹操虽然不把汉献帝放在眼里，但终其一生并未称帝，显出一副“忠君”的姿态；一是深知民心向背乃事业成败的关键，善于行爱民之举以获取民心。曾有一种意见认为：曹操的形象是在戏曲舞台上被丑化的，《三国演义》中的曹操仍是“可儿”。这意见的合理性不必怀疑，至少，从《三国演义》对曹操、董卓、袁术、袁绍、刘表等的对比描写来看，纳道德于权谋之中的曹操，在招揽人才和争取民心方面，确实有过人之处。他是在历史进程中扮演了伟大角色的人物。以同样的标准来衡量其他历史人物，《三国演义》

对孙权等人也不乏喝彩之笔，对魏、吴阵营的那些出类拔萃的谋士（如郭嘉、荀彧、贾诩）、身先士卒的勇将（如典韦、许褚、庞德），也予以了高度赞许。

《三国演义》对刘、关、张和诸葛亮的描写，以来自民间的故事为主体，其特征是追求道德化的情感满足，在明确区分“好人”“坏人”的基础上，又热衷于赋予“好人”的“谋”“勇”以传奇意味、超人色彩，其中对赤壁之战的描写尤为典型。这就是我们所说的“民间的三国”。

对道德化的情感满足的追求主要是经由“尊刘抑曹”表达出来的。曹操复杂性格的核心是极端利己主义，由此呈现出虚伪、奸诈、残忍和凶暴等特征。与曹操“宁教我负天下人，休教天下人负我”的利己主义人格成为对照的，是作者极力推崇的仁君刘备，“吾宁死，不为不仁不义之事”，即使于己不利，他也不把“妨主”的的卢马转送他人，不肯抛弃跟随他的十数万樊城百姓。只是，由于作者的过度粉饰，刘备的仁和善被推向极端，甚至入侵西川也被粉饰为并非出于本意，这样就失去了真实感。相比之下，还是关羽和诸葛亮更受读者喜欢。

诸葛亮是《三国演义》着力刻画的重要人物，他才具不凡，具有鞠躬尽瘁、死而后已的献身精神。《三国演义》以魏、蜀、吴三条叙事线索为纲，而魏、蜀两大政治集团的较量则为全书的主干。对魏、蜀的描写以蜀汉为重点，而对蜀汉的描写又以诸葛亮为中心。《三国演义》一百二十回，共写了一百十一年的事情。诸葛亮的政治军事活动虽然只有二十七年，但这二十七年却在《三国演义》中占了一半以上的篇幅，即从第三十八回的隆中决策，到第一百零四回的丞相归天，共有六十六回，这还不包括诸葛亮出山前水镜先生对他的赞美，以及去世后“魏都督丧胆”“定军山显圣”等有关章回。在这近七十回中，有大半回目是专写诸葛亮的。如此着力刻画的人物，在《三国演义》中没有第二个。

《三国志》里的关羽，虽然勇武超群，但在英雄辈出的时代里，并不显得特别光彩照人，而在《三国志平话中》，他的戏份儿还比不上张飞。《三国演义》则把他塑造成了“作事如青天白日，待人如霁月光风”的“古今来名将中第一奇人”。罗贯中偏爱关羽，原因也许在于，关羽是一名儒将，他既不像张飞，一味粗豪莽撞，类似江湖好汉，也不是文弱书生，手无缚鸡之力。关羽精通《左传》，涵养极深，举止豁达而不粗野，言语磊落而不莽撞，胆识过人，武艺绝伦。罗贯中经历过元末明初的战乱，关羽比较符合他的人生理想，也更能体现元明之际知识精英的审美心理。

清初毛宗岗修订《三国演义》，他有意在小说中增加了大量笔记片段。其《凡例》十条之三云：

> 事有不可阙者，如关公秉烛达旦，管宁割席分坐，曹操分香卖履，于禁陵庙见画，以至武侯夫人之才，康成侍儿之慧，邓艾凤兮之对，钟会不汗之答，杜预《左传》之癖，俗本皆删而不录。今悉依古本存之，使读者得窥全豹。

所谓“悉依古本存之”，实际上是假托古本。毛宗岗假托古本所收录的这些“事”，主要出自《世说新语》这一类笔记。这些片段自成格局，构成了我们所说的“掌故的三国”。

对掌故的爱好基于一种谈笑话沧桑的人生态度：恬淡闲适的隐逸情调是比刀光剑影的杀伐征战更能提高人的尊严和生命意识的；对“是非成败”的热衷其实不如摆脱了争竞的小品式的淡定。“古今多少事，都付笑谈中。”这就是“掌故的三国”所蕴含的价值判断。

毛宗岗评点《三国演义》，有“三奇”之说：曹操是“古今来奸雄中第一奇人”，诸葛亮是“古今来贤相中第一奇人”，关羽是“古今来名将中第一奇人”。这三个人物，是《三国演义》中“历史的三国”和“民间的三国”两种文化内涵的主要承担者。大体说来，“历史的三国”蕴含着丰富的政治智慧，“民间的三国”呈现了中国百姓的情感世界。正如政治智慧、情感世界不能相互取代一样，“历史的三国”和“民间的三国”也不能相互否定，而只能相互补充。至于毛宗岗评本以贯穿全书的掌故风味和隐逸情调来消解“英雄”的意义，则另具一种超越世事和感慨世变的情怀，洋溢着中国知识阶层的人生趣味。《三国演义》由此获得了博大深厚的品格，当然也潜伏着比单向度小说更容易被误解的可能性。

《三国演义》早在明隆庆三年即朝鲜宣祖三年（1569）已传入朝鲜，是中国古典名著中最受朝韩读者欢迎的作品，在现存的版本、翻译、改作、出版状况、古典文献的记录等方面，《三国演义》都是其他中国古典名著比不上的。日本、印度尼西亚、越南、泰国、英国、法国、俄国等诸多国家也先后有《三国演义》的本国语言译本出版，并陆续有研究论文和专著发表。《三国演义》在世界文学史上占有重要地位。

本书旨在从“历史的三国”“民间的三国”和“掌故的三国”等不同维度解读“三国”，既指出它们的不同，也揭示彼此之间的联系，以充分展现中国文化的丰富性。

上篇

历史的三国

“历史的三国”与“民间的三国”之间，有一个差别极为显著：在“历史的三国”中，曹操的地位极高，而刘备的地位，相对要低一些。在民间的三国中，刘备得到高度推崇，而刘备的对立面曹操，则被贬得很低。

这里要问的是：“尊刘抑曹”这个现象是怎么产生的？有哪些有趣的表现？

宋朝是一个不能忽略的时间节点。宋代以前，诸多文化名人谈到曹操，用的是一种极其推崇的口吻，比如大名鼎鼎的“诗圣”杜甫。杜甫有个朋友叫曹霸，有名的画家，送了杜甫一幅画。杜甫为了表示感谢，回赠了一首诗——《丹青引赠曹将军霸》。这首诗开头就来了这样四句：“将军魏武之子孙，于今为庶为清门。英雄割据虽已矣，文采风流今尚存。”“魏武”，就是魏武帝曹操。杜甫强调说：曹霸，你真了不得，你是魏武帝曹操的子孙。由此可见，在唐代，或者说从三国到唐，至少在这一段时间内，文化人谈到曹操，通常充满敬意。而这，正是“历史的三国”所产生的影响。

在宋以后，我们看到了另一种情形，曹操的地位一落千丈。清末民初有个学者，叫黄人。在《小说小话》里，黄人说，“最不幸者，莫如魏武帝”。为什么这样说呢？黄人解释道，曹操毫无疑问是中国历史上的第一流人物。作为政治家，是一流的；作为军事家，是一流的，连诸葛亮都经常说，曹操用兵如神。他的诗写得好，文也写得好。至今讲文学史，还说“三曹七子”。“三曹”的第一个，就是曹操。除了这些，连下围棋曹操都是一把好手。黄人说，“魏武雄才大略，奄有众长，草创英雄中，亦当占上座”。这么一个文武全才，如今却落到了人人嫌弃的境地，就算是个平头百姓，如果有人对他说，你就是个曹操，你跟曹操一个样，这人一定跟你急。因为你说他跟曹操一个样，就等于说他是天底下最坏的人。“凡人之奸邪诈伪阴险凶残者，辄目之为曹操。今试比人以古帝王，虽傲者谦不敢居；若称以曹操，则屠沽厮养必怫然不受。”（黄人《小说小话》）黄人所说的这个现象，所反映的是民间三国的影响。也就是说，由于《三国演义》和三国戏的广泛传播，曹操在民间成了坏人的典型。这里要问，曹操地位的降低，这个变化是什么时候产生的？答案是：在宋代。是宋代的说话把曹操定格在了坏人这个位置上。

说到这个变化的发生，不得不提到一个北宋名人，那就是中国知识分子的大众情人——苏轼。苏轼跟湖北的缘分极深。他一辈子先后发配到三个地方：黄州、惠州、儋州。他那些最好的作品，几乎都和这三个地方有关。比如，在湖北黄州，他写了“大江东去”词，写了《赤壁赋》。他曾发牢骚说：“问汝平生功业，黄州、惠州、儋州。”言下之意是说，因为被发配到这几个地方，他才写出了那么多传世之作。在苏轼的著述中，有一本书叫《东坡志林》，挺有趣。其中一则，记了他的朋友王彭讲的一件与三国有关的事情。“王彭尝云：‘涂巷中小儿薄劣，其家所厌苦，辄与钱令聚坐听说古话，至说三国事，闻刘玄德败，颦蹙有出涕者，闻曹操败，即喜唱快。’以是知君子小人之泽，百世不斩。”（苏轼《东坡志林》卷一）王彭说，在北宋的都城汴京，也就是现在的开封，那些年轻父母，家里有几个六七岁、五六岁的男孩儿，就头疼得不得了，因为孩子难带啊，尤其是男孩儿难带。怎么办呢？那些年轻父母，只好给孩子们几文钱，让他们去勾栏瓦舍，听人讲三国故事去。这些小孩子，别看他们调皮，听起三国故事来，感情极其投入。每次听到曹操打败仗，他们就拍巴掌，兴高采烈，有时候还情不自禁地跳了起来。听到刘备打了败仗，孩子们就愁眉苦脸，有的还当场痛哭。记完了王彭讲的事情，苏轼发了一段议论。他说，孩子们的反应，说明“君子小人之泽，百世不斩”。一个君子，或是一个小人，即使过了一百代，后人还是会用应有的方式、应有的态度来对待你。孩子们的反应就是具体例证。在苏轼的议论中，要细加留意的是这样两个术语：“君子”“小人”。中国古代，主要有两种评价人的尺度。一种尺度，是根据才能来评价。如果你很有才能，就说你是英雄；如果你的才能一般，就说你是庸人。“英雄”和“庸人”两个术语，是用来评价人的才能的，不涉及人的品性。还有一个尺度，是从人品、道德来评价一个人。这个人道德人品好，就叫他君子；这个人道德人品不好，就叫他小人。“君子”“小人”两个术语，是用来评价人的品行的，不涉及人的能力。为什么小孩子们喜欢刘备，因为在他们的感觉中刘备是一个好人，是一个君子。为什么他们痛恨曹操，因为在他们的感觉中曹操尽管有本事，但他是一个小人，是一个坏人。小孩子们的感觉对不对呢？这就涉及几个问题。

第一个问题：历史上的曹操究竟是不是一个伟人？如果他是一个伟人，历史的三国对他的评价就是对的。第二个问题：历史上的曹操是不是一个坏人？如果他是一个坏人，民间的三国对他的评价也是对的。第三个问题：刘备为什么会受到老百姓的喜欢？

下面我们就逐个问题来讲。

一 历史上的曹操是不是一个伟人

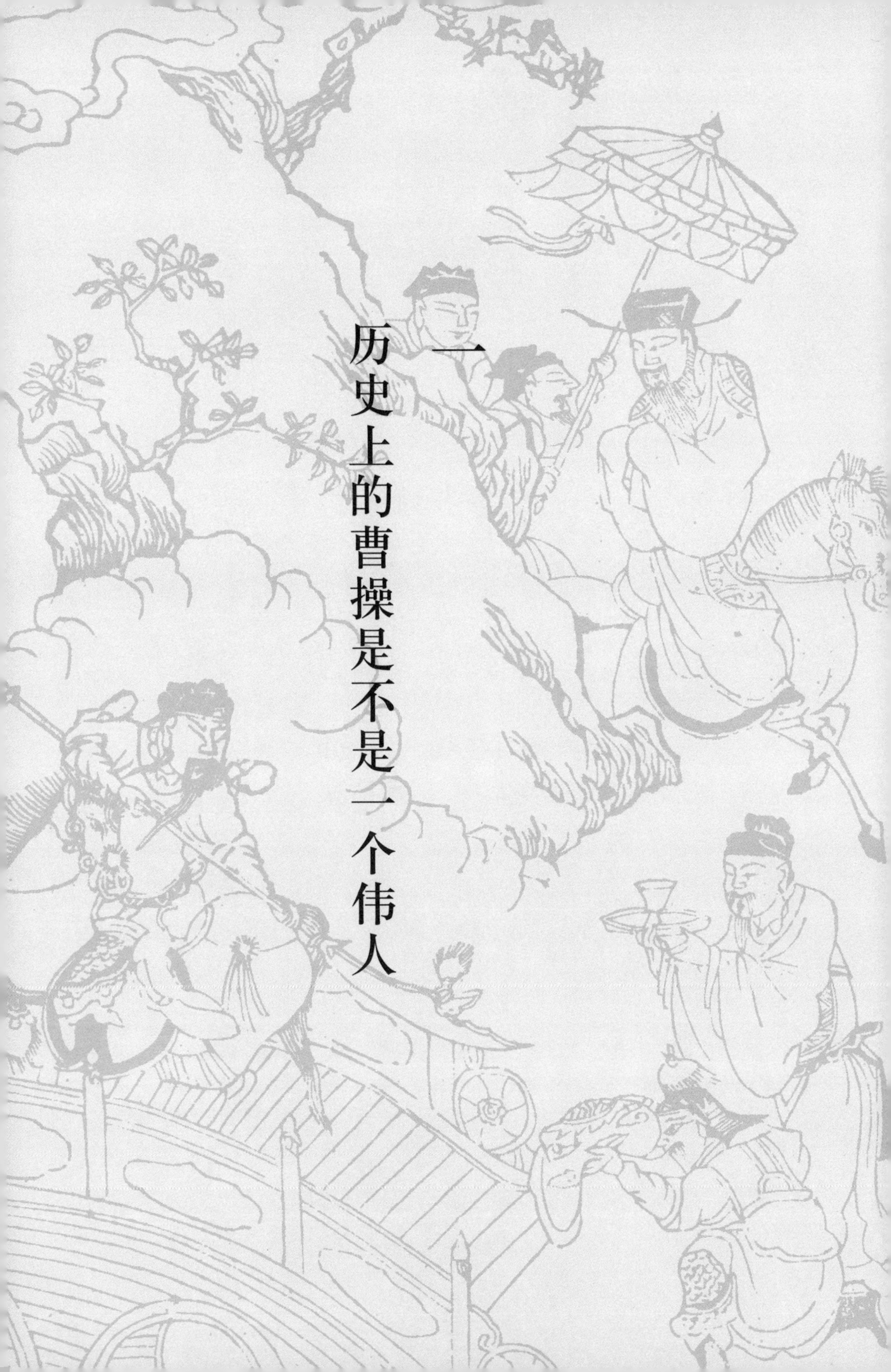

古人作事无巨细
寂寞豪华皆有意
书生轻议冢中人
冢中笑尔书生气

回答这个问题，其实不难。在中国历史上，在汉末的大乱中，完成了全国统一的，或者说基本上完成了黄河流域的统一的，是曹操。而他的对手孙权和刘备，比他所建立的功业要小得多。由此看来，曹操当然是一个伟人。需要追问的是，这个伟人有哪些方面是值得我们佩服的，他为什么能够成就他的事业？

一个人能够成就伟大的事业，一定有他的原因。而曹操之所以成功，是因为他把三种关系处理得极好，保证了他的事业的成功。第一是和汉献帝的关系；第二是和人才的关系；第三是和老百姓的关系。一个人能把这三种关系处理好，他的事业没有不成功的。

在处理和汉献帝的关系方面，曹操最为高明的一招是奉天子以令诸侯。也就是说，曹操虽然实际上控制了朝廷大权，但名义上还是汉献帝的丞相。为什么要这个名义？中国人非常看重一种观念，那就是，对于一个衰落的帝王，只要你做过他的臣子，就不应该背叛他；如果你没有做过他的臣子，换句话说，你没有做过他的官，当然可以不理会他。所以，中国历史上有一个有趣的现象。比如，明清易代，那些曾经在明朝做过官的人，如果又去做了清朝的官，就会被鄙薄为失节，本人内心也会受到巨大的精神折磨。比方吴伟业，他做了清朝的官之后，一辈子都被一个念头所折磨，就是“浮生所欠唯一死，尘世无繇拾九还。我本淮王旧鸡犬，不随仙去落人间”（《过淮阴有感》其二），一失节成千古恨，还不如死了的好。与此形成对照，他们的后代，因为没有做过明朝的官，如果去做清朝的官，是没有人说三道四的。就连民族英雄史可法的遗腹子，也是清朝的秀才。从这个角度来看曹操和曹丕，就可以发现：如果曹操本人夺了汉献帝的皇位，那么汉朝的那些大臣一定会群起而攻之，他就成了众矢之的；如果是曹丕来做这件事，就没有这个风险，或者说，风险较小，因为曹丕没有做过汉献帝的大臣，而曹操做过汉献帝的丞相。一个人做过某个帝王的大臣，又反过来夺这个帝王的权，那是一件非常危险的事情。有些历史人物，在这方面极其谨慎，比如孔子再三称道的周文王，“三分天下有其二，以服事殷。周之德，其可谓至德也已矣”（《论语·泰伯》）。为什么占有了天下三分之二的土地，还要尊奉殷商呢？为什么一定要等到他的儿子周武王，才夺取殷的天下呢？原因就是：中国人向来有一个观念，你不应该背叛你曾经跟着他干的那个人。

曹操的明智在于，他吃透了中国人的这种心理，他把汉献帝放在自己身边，做名义上的皇帝，而曹操则是大汉丞相，大权独揽。曹操经常以皇帝的名义指责袁绍，要袁绍做他不想做的事。不做呢，就是违抗朝廷；做呢，又心不甘情不愿，弄得那个袁绍难受极了。“诏书下袁绍，责以‘地广兵多，而专自树党，不闻勤王之师，但擅相讨伐’。绍上书深自陈诉。”“绍耻班在曹操下，怒曰：‘曹操当死数矣，我辄救存之，今乃挟天子以令我乎！’”（《资治通鉴》卷六十二）曹操也用朝廷的名义镇压叛乱。比如袁术要做天子，曹操就奉旨伐叛，把对手干掉。用天子的名义，可以增强曹操的号召力，可以赋予他的行为以正义感。一个“忠君”的人，在名义上占据了道德制高点，在实际上控制了朝廷的军队和国家的税收，可以说是名利双收。

在处理和人才的关系方面，曹操更是一把好手。他有两点极为高明的地方。第一，他能度外用人。所谓度外用人，就是他本来对这个人恨之入骨，牙齿咬得咯咯响，当然，是背后咬得咯咯响，但是，他不仅能跟他相安无事，甚至还能大加重用。这里要问：当年曹操最想掐死的人是谁？当然是刘备了。一次他跟刘备聊天，曹操问：当今天下，哪几个人能算得英雄？刘备听了，开始点名，什么袁绍、袁术、吕布、刘表、公孙瓒，屈指数来，都是当时的实力派。对于刘备的回答，曹操并不认可，说道：不对不对，这几个都不算什么！“今天下英雄，唯使君与操耳！”（《三国志·蜀书二·先主传》）天下英雄，只有你刘备和我曹操两人。想想看，一个要打天下的人，曹操明明知道刘备是自己最大的对手，他会怎么想？当然是想办法掐死他。一次刘备被吕布打败了，暂时到曹操这里来躲几天，这给了曹操干掉刘备的大好机会。曹操的一个谋士，叫程昱，很出色的一个谋士，提醒曹操：主公，现在的刘备是蛟龙失水。蛟龙失水，就没什么能耐了，所以人们常说“蛟龙失水遭虾戏”。程昱说，如果刘备重新回到关羽、张飞这些人中，那个时候的刘备，就是蛟龙回到了大海，不会受人控制了。现在是干掉刘备的绝好机会，机不可失，失不再来。听了程昱的话，曹操笑了，他笑，当然有他的意思。曹操确实想干掉刘备，就这一点来说，程昱的点子不错；但现在不能干掉刘备。为什么？时机不到。曹操发布过一通招贤文告，号召天底下有本事的人都来跟着他干，还打包票让他们升官发财。文告已昭告天下，曹操却把刘备干掉了，那些有本事的人就会琢磨：刘备为什么被干掉？因为他有本事。我也是个有本事的人，如果跟着曹操干，肯定也会被干掉。算了，不跟曹操干了。曹操说，如果产生这样一个后果，我靠谁来打天下呢？怎么能够招到那些一流的人才呢？“程昱说公曰：‘观刘备有雄才而甚得众心，终不为人下，不如早图之。’公曰：‘方今收英雄时也，杀一人而失天下之心，不可。’”（《三国志·魏书一·武帝纪》）结果，曹操让刘备在他眼皮底下好好地活了一段时间，待遇好，面子也大，甚至给人一种风恬水静的感觉。当然，刘备是个头脑清醒的人，他知道，风恬水静是表面的，在看不见的地方，有惊涛骇浪，说不定哪一天晚上，曹操突然又想干掉他了。于是他找了一个机会，离开了曹操。这个例子说明，曹操这个人，在他需要人才的时候，确实有着常人所没有的包容度。这是曹操作为领导人的又一高明之处。

在处理和人才的关系时，曹操的另一高明之处，是让人找到格外被器重的感觉。一个领导人，要和手下的英才建立密切联系，有几个办法。一是给实惠，比如提拔的机会、涨工资的机会、发奖金的机会。在给实惠之外，还有一种办法，就是让有本事的人获得成就感。在生活中，一部分人看重晋级和涨工资，因为他需要这份工资来养家糊口。但对于另外一部分人来说，晋级和涨工资可能不是最要紧的，这种情况下，让他找到成就感效果更好。而曹操在这一方面，特别长于把握火候。他偶尔会拍着程昱的肩膀说：这一次，要是没有你啊，哪能赢得那么畅快？就是因为你，你看，这一次胜得多么漂亮！程昱听了，心里当然是美滋滋的。曹操有时候会给荀彧写信说：自从你来到这里，这件事情，我们成功了；那件事情，我们也成功了；接二连三，一再取得成功。“太祖与彧书曰：‘与君共事已来，立朝廷，君之相为匡弼，君之相为举人，君之相为建计，君之相为密谋，亦以多矣……’”（《三国志·魏书十·荀彧传》）可别小看了这封信，当荀彧把这封信拿给朋友去看，故意轻描淡写地说：这是丞相的亲笔信。那个成就感，当然不是晋级和涨工资所能比拟的。有时候，曹操还会在大庭广众之下，发布信息说：这一次我们大获全胜，好多人以为是我的点子，告诉你们，不是我的，是郭嘉想出来的。这个时候，郭嘉会是一种什么感觉？这些人乐意跟着曹操干，呕心沥血也在所不惜，不是没有原因的。曹操这个人，确实具有领导才能，他善于处理和人才的关系。

曹操还善于处理和老百姓的关系。在处理和老百姓的关系方面，《三国演义》写了一个经典的例子。一次，曹操率军出征，他骑的马把老百姓的庄稼给踩坏了。这让曹操非常尴尬，因为他发布了一个命令，说谁损坏了老百姓的庄稼，就要砍谁的头，没想到，偏是他本人触犯了这条规矩。怎么办？曹操稍稍停顿了一下，估摸周围的那些下属已经做好了心理准备，他拿出刀来，比着自己的头，准备自杀。自然地，刀被他的下属夺过去了。接下来，曹操迅速采取了另一个举动——“割发代首”，就是割下自己的头发来代替脑袋，传示三军。现代读者读到这个情节，以为曹操在耍滑头。其实，这不是耍滑头，而是挺严肃的一个举动。古代有个习惯说法，叫“身体发肤，受之父母。不敢毁伤，孝之始也”（《孝经·开宗明义》）。

有时，一个做妻子的，为了表示对丈夫的感情，在丈夫出差时，会把自己的头发剪下一绺，让丈夫带在身边，说：你带着我的头发，就好像我陪着你一样。古人对头发是看得很重的。不像我们，经常大把大把的头发，就丢在理发店里了。正因为“割发代首”是一件意义重大的事，所以，当曹操的头发被传示三军时，将士人等，无不凛然。

《三国演义》中的“割发代首”可能出于虚构，不过历史上的曹操，确实很注意处理和老百姓的关系。比如，曾经有一段时间，在黄河流域，袁绍、曹操这些人为了争夺控制权，打得一塌糊涂。关中地区的百姓，因受不了战乱的折磨，许多人逃到了荆州。黄河流域恢复正常秩序之后，这些难民又陆陆续续回到了关中。数十万人拥入同一个地方，问题就来了：房子在战乱中毁掉了，没有地方住；带在身边的一点口粮吃完了，没有东西吃；就算想种庄稼，也没有种子，没有耕牛。怎么办？这个境况下，曹操迅速制定和落实了一个政策：所有从外地回到关中的百姓，由政府提供简易住房，免费搬进去住；由政府提供口粮，可以撑到明年春粮收上来的时候；要种庄稼的，由政府提供种子，配备耕牛，几年内不用交税。这个政策的要害，是让百姓安家乐业，发展生产。这里要问的是，曹操为什么要这样做？答案其实很简单：这些从外地回来的百姓，如果生活无着，通常会跟着军阀去当兵。“曹操使治书侍御史河东卫觊镇抚关中，时四方大有还民，关中诸将多引为部曲。”（《资治通鉴》卷六十三）因为当了兵，就有机会抢老百姓的粮食吃。如果所有的难民，都去当兵，会发生什么情况呢？后果是：那些地方将领的军队迅速扩大。不是曹操的军队迅速扩大，而是地方将领的军队迅速扩大。当然，这些地方将领的军队，名义上也是朝廷的军队，似乎也可以由曹操来指挥。但实际上听不听曹操的指挥，就是另外一回事了。比如，马超的父亲马腾，也说自己的军队是朝廷的，他听曹操的吗？不听曹操的。如果某些地方将领的军队大幅增加，一旦他们想跟曹操过不去，就成了一个强有力的对手。而如果这些老百姓能够安居乐业，发展生产，对于曹操的好处，至少有两个方面。第一，国家有税收。曹操有那么多的军队，有那么大的一个政府，没有税收，怎么能正常运转？第二，一个有秩序的广阔农村地区，是社会稳定的基本要素。这些老百姓，为了安家立业，更乐意接受朝廷的领导。他们和军队不一样。军队往往是在挑战朝廷、挑战政府的过程中得到好处。而老百姓，只有在政府和朝廷的保护下，才能过上安宁的生活。他们是国家安定祥和的基本元素。曹操明白这一点，所以他制定了一系列有利于百姓的政策。

从上述内容可以知道：作为领导人的曹操，对老百姓关心，对人才重视，对皇帝看上去也似乎忠诚，他也因而建立了丰功伟绩。曹操当然是一个杰出的领导者，当然是一个伟人。《三国志》说曹操是“非常之人，超世之杰”（《三国志·魏书一·武帝纪》），正是基于这些基本事实。历史的三国对他的评价，是有事实依据的。

二 历史上的曹操是不是一个坏人

功首罪魁非两人
遗臭流芳本一身

说到这个话题，可以先谈谈曹操和袁绍的关系。这两个人之间的密切交往和戏剧性纠葛，许多读者可能没有留意，这里顺便梳理一下。袁绍和曹操，年轻的时候是极其要好的朋友。好到什么程度呢？好到两个人经常合伙去做坏事。“魏武少时，尝与袁绍好为游侠。观人新婚，因潜入主人园中，夜叫呼云：‘有偷儿贼！’青庐中人皆出观，魏武乃入，抽刃劫新妇与绍还出。失道，坠枳棘中，绍不能得动。复大叫云：‘偷儿在此！’绍遑迫自掷出，遂以俱免。”（刘义庆《世说新语·假谲》）大概是在二十岁左右，袁绍和曹操听说有个小伙子结婚，新娘子很是漂亮。两个人想了个歪点子，新娘子刚进洞房，他们突然在外面大叫：有盗贼！听说有盗贼，所有的人都出门观看，只有新娘子，还暂时留在洞房里面。袁绍和曹操抓住这个机会，拿着匕首把新娘子给劫走了。当然，他们最终没有成功。因为随后人们就追上来了，他们虽逃得了性命，却没能把新娘子带走。由这件事可以确信，袁绍和曹操年轻时真是一对朋友。

后来，因为反对董卓专权，袁绍和曹操又结成了事业上的盟友。当时的反董盟军，共有十五路。曹操是十五路盟军的主力之一，而袁绍被推为十五路盟军的头，也就是盟主。他们曾经为了一个共同的目标而奋战。

但是没过多久，曹操和袁绍成了政治上的死对头。原因是，天下大乱，群雄四起，袁绍和曹操都想逐鹿天下，都想成为拨乱反正的领袖。在他们分道扬镳之前，两人曾有一番推心置腹的交谈。袁绍问曹操，打天下，你有什么本钱？曹操反问，你有什么本钱？袁绍充满信心地说，有黄河以北的广阔土地，有“四世三公”所缔结的人脉，有一呼百应、声势浩大的军队，当然可以试一把。说完了，袁绍问曹操，你呢？曹操笑了。论土地，论人脉，论军队，曹操都比不过袁绍。但是曹操另有资本，他指着自己的头说：我凭这个。顺势而为，可以无往而不胜。这是袁绍和曹操分手之前的一次谈话。这个时候，他们还是朋友；谈话之后，他们就是对手了。这两个对手，最终获胜的是曹操，袁绍被曹操打败了，袁绍的两个儿子也被曹操先后干掉了。就是说，当年的两个好友，其中的一个——袁绍，不仅事业被曹操毁掉了，家族也差不多被曹操给端掉了。这个事情，大概可以给人一个感觉，曹操算不得好人。

但这里要强调的是，说曹操是一个坏人，主要不是指他的前期，而是指他的后期。在前期，为了平定天下，他努力克制内心的各种欲望和性格上的各种弱点，尽力把事情做好。而当事业发展到顶峰，或者说当他的事业发展到了某个阶段，他身上的那些毛病就毫无节制地表现出来了。这里有一个时间节点，就是赤壁之战。人们经常说，赤壁之战确立了三分天下的格局：曹操雄踞中原，孙权称霸江东，刘备掌控西蜀。而从曹操的角度看，也正是赤壁之战，让他意识到他不可能在短时间内统一全国。为什么不可能？因为刘备和孙权这两个对手，都不是他能轻易拿下来的。曹操只有先治理好黄河流域，在这个过程中壮大实力，待有了合适机会再把孙、刘干掉。从这个时候开始，曹操的战略发生了转移，他的当务之急不是拿下孙、刘，而是为夺取汉朝权力做扎扎实实的准备，为他的儿子曹丕接管汉朝精心布局。以战略转移为标志，为了实现他的这一目标，曹操表现出了极其可怕的一面。前面已经分析过曹操和汉献帝、曹操和人才、曹操和老百姓这三种关系。接下来就来看看，依然是这三种关系，后期的曹操是怎么处理的。

先看后期曹操和汉献帝的关系。一次曹操去见汉献帝，汉献帝恐惧不已。之所以恐惧，是因为在朝见汉献帝之前，曹操做了这样一件事。汉献帝身边有个臣子，叫赵彦，他向着汉献帝，而对曹操不满，就私下里给汉献帝出了不少主意。结果，这事被人告到曹操那里去了。这个告发的人，当然是曹操安插在汉献帝身边的亲信。曹操下令杀了赵彦，偏又在这个节骨眼上来朝见汉献帝，汉献帝怎么能不害怕呢？战战兢兢的汉献帝，对曹操说了这样一番话："君若能相辅，则厚；不尔，幸垂恩相舍。"（《资治通鉴》卷六十七）如果你愿意辅佐我，那是你为人厚道，我不会忘记你的恩德；如果你不想辅佐我，我愿让出皇帝的位子，只求你放我一条生路。一个做皇帝的，对他的丞相说这样的话，表明汉献帝没有丝毫帝王的尊严和安全感。

随后，又陆续发生了一些别的事情。汉献帝身边的董贵人，她的父亲是董承。董承和刘备等人曾秘密约定，要共同辅佐汉献帝，把曹操除掉。也就是《三国演义》所写到的那个"衣带诏"事件。曹操探听到了这事，把董承给杀了，又逼着汉献帝杀董贵人。汉献帝一再求情说，董贵人怀着我的孩子，求你看在我的份上饶她一命，等她生了孩子再说。说得如此可怜，也还是被曹操拒绝了。曹操既然杀了董承，当然不会让他的女儿在皇帝身边好好活着。

董贵人被干掉之后，伏皇后恐惧不已。她私下给她的父亲伏完传信，说：曹操随时都有可能图谋不轨，请父亲做好准备，找机会对曹操下手。结果这事也被曹操知道了，他派了两个人——郗虑和华歆，去宫中抓捕伏皇后。伏皇后慌了，先是把大门关上，随后躲在那个夹壁之间。古人为了藏身，或者藏东西，把墙修成夹层，叫作夹壁。郗虑和华歆带着爪牙，强行把门打开，从夹壁里抓出了伏皇后。当时伏皇后披头散发，脚上连鞋子都没穿。伏皇后很酸楚地看着汉献帝说：你就没有办法救我一命吗？汉献帝说，我也不知还能活几天。“时帝在外殿，引虑于坐，后被发，徒跣，行泣，过诀曰：‘不能复相活邪？’帝曰：‘我亦不知命在何时！’”（《资治通鉴》卷六十七）就这样眼睁睁地看着伏皇后被抓走了。接下来，伏皇后被杀了，她生的孩子、伏皇后的整个家族，也都被灭掉了。可谓斩草除根。

看得出来，后期曹操压根儿就不把汉献帝当作一个有身份的人。汉献帝没有丝毫安全感，更谈不上保护他身边的人。汉献帝时刻准备着被曹操掐掉。这是后期曹操和汉献帝的关系。

再看曹操和人才的关系。在处理和人才的关系时，前期曹操的做法是，只要你是一个对事业有用的人，无论内心里对你多么耿耿于怀，都努力容忍；而后期曹操的做法是，无论一个人曾经为曹操建立了多么大的功业，只要妨碍了他接管汉朝的计划，就一定要杀掉。在死于曹操之手的人中，有两个人要格外一提：一个是荀彧，另一个是崔琰。

荀彧对于前期的曹操，相当于汉高祖身边的张良。曹操曾这样说荀彧：此吾之子房也。子房就是张良。可以说，如果没有荀彧，曹操的事业就不能做得那么大。但是曹操后来想杀荀彧了，这个节点，是曹操正策划封为魏公的时候。封为魏公，在曹操接管汉朝的计划中是极其重要的一步。这里必须提到，汉朝的爵位——公侯伯子男，这五等爵位，只有侯爵以下是封异姓的，就是封给异姓中那些建功立业的人。公这个位置，此前不封异姓。而王作为一个特殊的位置，只封给刘姓宗室，刘邦的后代，才有可能封王。比方那个淮南王，也就是《淮南子》的主编刘安，就是刘邦的后人。之所以不把公这个位置封给异姓，是因为公离王太近。王是九千岁，比万岁（皇帝）只差了一千岁。离王近，离皇帝也就不远了。公，这是一个非常重要的爵位。曹操为了显示自己地位崇高，于是逼着汉献帝封他为魏公。封了魏公，在所有非汉朝宗室的大臣当中，他就成了一个特殊的人：他是唯一封公的人。在曹操夺取汉朝天下的计划中，封公的重要性由此可见。

曹操的这个用心，荀彧看出来了。所以，在曹操准备封公时，荀彧委婉而又坚决地指出，曹操不应该这样做。为什么这样说呢？因为曹操当初号令天下，用的是汉朝丞相的名义，身份是汉朝臣子。一个汉朝的忠臣，是不能做这种出格的事情的。“十七年，董昭等谓太祖宜进爵国公，九锡备物，以彰殊勋，密以咨彧。彧以为太祖本兴义兵以匡朝宁国，秉忠贞之诚，守退让之实；君子爱人以德，不宜如此。太祖由是心不能平。”（《三国志·魏书十·荀彧传》）

荀彧的这个意思，让曹操大为不满，最后，曹操拿定主意：一定要把荀彧干掉。只有干掉荀彧，才能镇住所有想反对他封公的人。想想看，连荀彧都可以杀掉，还有谁比荀彧更加了得？

用什么方法杀掉荀彧比较高明呢？曹操做这种事是不会缺点子的。他要让荀彧自杀：既给荀彧一点面子，也免得自己动手。正值曹操带兵到南方打仗，荀彧带着礼品来慰问部队，途中病倒了。曹操派人送给荀彧一个饭盒子，说是送药给荀彧治病。荀彧把饭盒打开，里边什么都没有，空空如也。名义上说是送药给荀彧吃，却既没有食物，也没有药，那就是让荀彧绝食而死。荀彧明白了曹操的这个用意，也就明智地选择了自杀，自己了断了自己。为什么要自杀？如果你不自杀，那个暗示你自杀的人，他会极其恼怒：你一定要我动手吗？如果由曹操下令处决荀彧，对荀彧的惩处，一定可怕之极，一定会大范围地牵连到荀彧的朋友、亲属和下属。荀彧是深知这一点的，所以他选择了自杀，以保护和他亲近的人。荀彧，这是曹操杀的第一个重量级人士。

曹操杀的第二个重量级人士，是崔琰。崔琰和曹操，关系也曾相当密切。《世说新语·容止》记载了这样一个掌故：“魏武将见匈奴使，自以形陋，不足雄远国；使崔季珪代，帝自捉刀立床头。”曹操作为丞相，要接待一个匈奴使节，这让曹操有点为难。不是能力有限，而是身高不够。曹操个子不高，又长得偏瘦，和人高马大的匈奴使者相比，缺少相应的身高和体重。而崔琰呢，仪表堂堂，身材高大。曹操委托崔琰以丞相的身份接待这个匈奴使节，曹操自己呢，提一把刀，在身边做侍卫。崔琰答应了。后人把帮助别人写东西叫“捉刀代笔”，就是从这个典故来的。曹操和崔琰之间，曾经有这样一个插曲，说明他们之间的关系，的确是很密切的。而且，崔琰一直担任朝廷的重要职务，一段时间，主要负责帮曹操选拔人才。大名鼎鼎的司马懿，就是崔琰推荐给曹操的。在这个岗位上，崔琰和曹操配合默契，甚是相得。

曹操杀崔琰，那个节点，是在曹操打算封王的时候。封为魏公只是曹操接管汉朝的步骤之一，比这一步更为重要的，是逼着汉献帝封他做魏王。这是一个更加出格的举动。整个汉朝，从来没有刘姓之外的人封王，唯独曹操，有这样一个非分的要求。一旦曹操做了魏王，那是一个什么样的格局呢？他不仅有自己广阔的领土，这个领土上所有的税收都是由他控制的，而且有自己的军队，有自己的政府机构。后来曹丕接管汉家政权，压根儿就不需要大动干戈，因为所有管理机构，在曹操封了魏王后，已陆续筹组完备。封王的确是一件惊天动地的事。就在曹操紧锣密鼓、封王在即的时候，有人给天子上了一封表。这个人姓杨，是崔琰推荐给曹操的。姓杨的为什么要上这份表呢？是因为有很多人反对曹操封王，这个姓杨的要在这时挺曹操一把。他上表说，曹操封魏王那是名正言顺、理所当然。姓杨的如此力挺曹操，让很多人大跌眼镜，他们不满地对崔琰说：崔琰啊，这个人你确实看走眼了。你当初推荐他，说他如何出色，现在的行事却如此混账。崔琰把那份表拿来，看了一看，说：不错啊！然后感叹了一句：“时乎时乎，会当有变时。”（《三国志·魏书十二·崔琰传》）这句话的意思是，姓杨的上这份表，是合乎时宜的；你们这些反对他的人，反倒不合时宜。做什么事情，都要看情势啊！这个立场，本来是偏向曹操一边的。没想到，有人误会了，去曹操那里告状，说崔琰对曹操封魏王不满。这样一件事情，如果是以前的话，曹操可能会多方了解情况，做出恰当处理。但是这一次，他压根儿就没想到要做进一步了解，他没有迟疑，就下令杀了崔琰。曹操之所以出手迅疾，并不在于崔琰真的反对他封魏王，而在于杀了崔琰，就可以镇住所有反对他封魏王的人。因为崔琰的声望高，连崔琰都敢杀，别的人还敢叫板吗？出手如果慢了，也许就找不到更好的理由了。

看得出来，在曹操后期，他大开杀戒，大杀有影响力的人，大杀功勋卓著的人。在曹操看来，只有杀这些人，才能镇住内部的反对力量，才有震慑效果。后期曹操，全力以赴所做的，就是为接管汉朝做好铺垫。一切不利于实现这一目标的人，都在诛杀之列。

看了后期曹操的所作所为，可以得出一个结论：做曹操的追随者，确实是非常危险的。曹操没有一个保持到终生友谊的朋友。由于曹操的这个特点，我们看到，在夺取天下的过程中，曹操尽管足智多谋，做了许多他自己也许都会喝彩的事情；但出乎意料的是，他也为自己培养了两个高明的对手。这两个对手，因为太了解他，所以竭尽全力跟曹操和曹操的后代搏杀。这两个人，一个是刘备，一个是司马懿。

刘备这个人其实不一定要跟曹操抗争一辈子。换句话说，他不一定要逐鹿天下。因为，在当时的同辈人当中，他是最没有条件的。刘表、袁绍、袁术、吕布、公孙瓒，所有这些人都有土地，有百姓，有诸多将领和谋士，资源丰厚。唯有刘备，没有土地，没有百姓，身边就那么两三个人——关羽、张飞、赵云。该有的本钱都没有，你打什么天下？刘备之所以矢志不渝，流浪天下而不放弃天下，其中的一个重要原因，就是他深深知道：曹操这个人容不下他，即使暂时放他一马，最终也是不会放过他的。一旦曹操觉得可以杀掉刘备，就一定不会心慈手软。所以，刘备尽管备受挫折，但依然百折不挠，一定要夺得一块地盘，做安身立命之地，为的就是躲过曹操的杀戮。陈寿写《三国志》，在《先主传》中就此作了强调："机权干略，不逮魏武，是以基宇亦狭。然折而不挠，终不为下者，抑揆彼之量必不容己，非唯竞利，且以避害云尔。"（《三国志·蜀书二·先主传》）刘备太了解曹操了，就因为太了解而成了曹操的死对头。

曹操为曹家政权培养的另一死对头是司马懿。司马懿是崔琰发现的一个人才。他曾对司马懿的兄长司马朗说，你这个弟弟，比你强多了，以后绝对是一个人物。崔琰把司马懿推荐给曹操，曹操立马就聘司马懿做丞相主簿，也就是"丞相办公厅主任"。司马懿不干，理由是：得了风痹，行动不太方便。司马懿说的，当然是一个借口。真实的原因是，司马懿清楚，曹操在平定了黄河流域之后，正一门心思筹划接管汉朝，这个时候跟着他干，随时都有性命之虞。曹操仍不放弃，说，你再掂量一下。给你两个选择，要么做官，要么蹲监狱。你选哪一个？司马懿只好出来就职。在与曹家共事的若干年间，司马懿的一个想法越来越明确，那就是：未来没有第二种可能，不是司马家干掉曹家，就是曹家干掉司马家。所以，从司马懿到司马师到司马昭，父子数人，提着脑袋坚持做的一件事情，就是把曹家的权力夺到自己手上。司马懿一定要干掉曹爽，司马师一定要干掉夏侯玄，原因就是，不干掉曹家这些有影响的人物，司马家就会被干掉。他们事实上已经成为你死我活的一种关系。有人说，司马懿不过是仿效曹操而已，曹操夺了汉朝的权，司马家也夺曹家的权，并不是迫不得已。其实，司马懿和曹操的处境是不一样的。曹操让他的儿子夺汉朝的权，这是一件万无一失的事，因为，朝廷上下，基本上都在曹操的掌控之中，汉献帝住在许昌，曹操住在别处，他并不担心汉献帝对他造成实质上的威胁。而司马懿父子三人，从来不敢同时离开都城，一旦离开，可能就再也回不来了，因为曹家的实力足以把他们置于死地。可以说，曹家夺汉朝的权，那是水到渠成，没有什么危险。司马氏夺曹家的权，却是一种不是鱼死就是网破的行为。司马懿父子三人，之所以不避刀山火海，就是因为太了解曹魏的太祖，只能豁出去赌他一把。

曹操在逐鹿天下的过程中，因为他的所作所为，一方面建立了巨大的功业，另一方面也为曹家准备了两个强有力的对手。由此可以进一步看出，历史上的曹操，确实是一个坏人。民间的三国厌恶曹操，把曹操写成一个坏人，并没有冤枉他。民间的三国之所以强化了曹操令人厌恶的一面，不是对曹操功业的否定，不是说他算不得伟人，而只是因为更加重视人品，把曹操坏人一面做了更加生动、充分的渲染。有人说《三国演义》是曹操的谤书，这个说法是不对的，《三国演义》并没有诽谤曹操，因为历史上的曹操本就是一个坏人。

三 老百姓为什么喜欢刘备

临难仁心存百姓
登舟挥泪动三军
至今凭吊襄江口
父老犹然忆使君

说到历史上的刘备，不难发现，他有两方面的特点。作为历史上的一个重要政治人物，他同样有政治人物的一些秉性，也就是陈寿《三国志》所说的“枭雄”之资；而作为老百姓喜欢的一个政治人物，刘备也一定有老百姓喜欢的一些特点。他和他的那些追随者之间保持了始终不渝的友情和信任。下面就分别讲讲这两个方面。

第一个方面，作为历史上与曹操对垒多年的政治人物，刘备确乎是一代枭雄。作为枭雄，有几件事情给人留下了深刻印象，一是杀张裕，另外是夺刘璋的地盘。

先看杀张裕这件事。张裕是益州人，或者说他是蜀人。张裕和谯周有相似之处，都会算命，会看相。据说张裕每次在镜子中看到自己，就会不高兴地把镜子摔到地上。因为他那个长相，是要被人砍头的。“又晓相术，每举镜视面，自知刑死，未尝不扑之于地也。”（《三国志·蜀书十二·周群传》）他又会算命，经常在朋友间发布他的预言，说刘备建立的这个政权，九年之后，就会衰败了。“裕又私语人曰：‘岁在庚子，天下当易代，刘氏祚尽矣。主公得益州，九年之后，寅卯之间当失之。’”（《三国志·蜀书十二·周群传》）张裕不断散布这些信息，当然会影响蜀汉的士气。对这种负面影响，刘备极为不满，后来找了一个理由要杀掉他。

刘备杀张裕的理由是什么呢？刘备去打汉中，张裕又发议论说，最好不要出兵汉中，因为出师不利。“先主竟不用裕言，果得地而不得民也。”（《三国志·蜀书十二·周群传》）刘备坚持出兵汉中，结果是有得有失。所谓有得，是说汉中这块地方被刘备拿下来了，所以后来刘备有个头衔叫汉中王；所谓有失，是说汉中地区的百姓被曹操迁走了，迁到关中去了，刘备得到了地，却没有得到人。从汉中回来，刘备说，张裕说我出师不利，可是我赢了！我把汉中给拿下了！张裕算得不准，要处以死刑。“先主常衔其不逊，加忿其漏言，乃显裕谏争汉中不验，下狱，将诛之。”（《三国志·蜀书十二·周群传》）这个当口，诸葛亮亲自去找刘备求情。诸葛亮说，我们是外来政权，而西蜀本地的人才又少，张裕是本地人才中的佼佼者。就算他冒犯了我们，还是放他一条活路的好，以便和本地人和睦相处，以此吸引本地的人才。诸葛亮的建议当然有他的道理，但并不符合刘备的思路。刘备的回答是八个字：“芳兰生门，不得不锄。”“裕遂弃市。”（《三国志·蜀书十二·周群传》）意思是说，芳香的兰草当然很好，但如果它生在门口，挡住了路，就不得不锄掉它。张裕就这样被干掉了。由此可以知道，对于那些妨碍他成就大业的人，刘备是绝不手软的。

再看夺刘璋地盘这件事。三分天下，刘备最重要的根据地是益州，但益州本来是谁的？本来是刘璋的。而刘璋姓什么？刘璋姓刘，是汉朝的宗室。刘备姓什么？刘备也姓刘，也经常以汉朝宗室的名义来号召天下。既然如此，刘备和刘璋就是一家人，刘备凭什么把刘璋的地盘据为己有？当然是因为刘备不能没有根据地，只有得到益州才有逐鹿天下的可能性。以为一笔难写两个刘字，就放弃夺取益州的机会，那还是枭雄吗？由此可以知道，在利害关系与道德之间，刘备是把利害关系放在首位的。

上面说的是第一个方面，下面再说第二个方面。

作为历史上与曹操对垒多年的政治人物，刘备和曹操有一个显著不同。曹操对于他重用的人，内心里其实并不信任，只是一时需要而已；一旦不需要了，就可以毫不顾惜地随时杀掉。而刘备和他的追随者之间，互相扶持，互相信任，他们的交往不止与利害权衡有关，其中确有感情和友谊的成分：和诸葛亮、赵云、关羽、张飞、黄权，都是如此。我们一个一个来看。

刘备和诸葛亮之间，有两件事尤为重要。一是“三顾茅庐”，二是“永安托孤”。

据《三国志·蜀书五·诸葛亮传》：“时先主屯新野。徐庶见先主，先主器之，谓先主曰：‘诸葛孔明者，卧龙也，将军岂愿见之乎？’先主曰：‘君往俱来。’庶曰：‘此人可就见，不可屈致也。将军宜枉驾顾之。’由是先主遂诣亮，凡三往，乃见。”这就是“三顾茅庐”的本事。

说到“三顾茅庐”，必须留意一个事实，刘备和诸葛亮不是同一辈人。诸葛亮比孙权大一岁，是同一辈人，与曹操和刘备相比，他们晚了一辈。曹操提到孙权时，有一句著名的话，“生子当如孙仲谋”，是把孙权放在儿子一辈来加以考量的。诸葛亮比刘备小多少？小十九岁。以前，某个人走上刑场，为了表示复仇之志，会说二十年后我又是一个好汉。二十年就是一代人。诸葛亮比刘备足足小了十九岁，当然是晚辈了。一个比刘备小十九岁的人，反倒让刘备请了三次才出山，在这个反常的事件背后，有一些特殊的信息要加以关注。

这里可以提到一本书，清代赵翼的史学著作《廿二史札记》。《廿二史札记》的一个条目，题为“三国之主用人各不同”，其中论述道：“人才莫盛于三国，亦惟三国之主各能用人，故得众力扶持，以成鼎足之势。而其用人，亦各有不同者。大概曹操以权术相驭，刘备以性情相契，孙氏兄弟以意气相投。”说曹操、孙权、刘备在使用人才方面各有各的风格和长处：曹操的特点是以权术相驭，也就是用权术来驾驭人；孙权看重意气相投，两人合得来，就一起干事；而刘备的风格是性情相合，也就是在性情上真的投缘。与曹操和孙权相比，在招揽人才方面，刘备的劣势在于没有资源。曹操和孙权都不缺资源，一个控制了朝廷，且雄踞中原；一个虽然不能控制朝廷，但也能坐拥江东。只要跟着他们干，就可以给你官做，可以给你工资。一个人能给人官职，给人工资，自然就有了号召力。这是曹操和孙权的有利条件。刘备有什么资源？虽然是汉朝宗室，却实际上与朝廷无缘。又没有地盘，老是寄人篱下，在吕布那里待过一段时间，在曹操那里待过一段时间，在袁绍那里待过一段时间，后来去了刘表所在的荆州。在刘表那里待的时间最长，条件最好。只是，荆州是刘表的，不是刘备的。荆州如果有什么官职的空缺，任命的权力在刘表手上。荆州的税收也是由刘表控制的，不会让刘备自由使用。所以，刘备没有自己的土地，没有自己的人民，也没有一套完备的职能机构。他没有资源任命官员，没有条件给许多人发工资，在这样的境况下，靠什么来吸引人才？

刘备靠的是两个要素：第一个要素，刘备名满天下，人们都知道他是英雄，迟早是要干一番事业的。如果想做长线投资，跟着他干不失为一种明智的选择。第二个要素，刘备看重性情相合，他也长于感情投资，一些人跟着他干，常有友情出演的意味，不是为了当下的实际利益，而是为了刘备的那份情谊。刘备身边的几个铁杆追随者，都是在他没有太多资源的时候就跟着他干的。关羽是这样，张飞是这样，赵云是这样，诸葛亮也是这样。三顾茅庐期间，刘备也依然资源短缺，没有一块真正属于他的地盘。这个时候，诸葛亮不愿出山，其实是合情合理的。换句话说，如果刘备不是一个值得奉献的搭档，诸葛亮为什么要出山？这个时候，刘备必须用一种有效的方式感动诸葛亮，确立诸葛亮对他的信任，让诸葛亮不仅出山，而且愿意把自己的一辈子交给刘备，就像关羽、张飞那样。刘备用的是“三顾茅庐”的方式，也果然取得了预期效果，诸葛亮不仅应邀出山，而且在出山之初就拿定了一个主意，“鞠躬尽瘁，死而后已”，决定把这一辈子奉献给刘备。“三顾茅庐”是刘备做得最为成功的一次感情投资。

刘备做得同样成功，又同样与诸葛亮有关的第二件事，是“永安托孤”。那一年，刘禅十七岁。十七岁，虽然不能确定他未来是否杰出，但已经可以大致看出苗头。作为父亲的刘备，对刘禅一定是了解的。刘备这人，有一个强项，就是看人很准。有几个人，他是绝不信任的，就因为他已看透他们的为人。比如曹操，比如吕布。吕布作了曹操的俘虏，要刘备替他说情。曹操问刘备的意见，结果刘备不仅没替吕布说情，还提醒曹操不能放过吕布。因为刘备深知吕布是个靠不住的人，也深知曹操的真实想法。以刘备之善于识人，他对他的儿子，也一定深有了解。所以，在“永安托孤”时，他直率地对诸葛亮说：“君才十倍曹丕，必能安国，终定大事。若嗣子可辅，辅之；如其不才，君可自取。”（《三国志·蜀书五·诸葛亮传》）这时曹丕已经做了皇帝，因此刘备这样说。

一个托孤的人，把话说到这样一个程度，有谁做得到？经常出现的一幕倒是，他们哭哭啼啼，把自己的儿子或者准儿子，托付给某个大臣或某几个大臣。而受托付的人，也就是后来抢班夺权的人。比如魏明帝曹叡，悲悲切切，向司马懿托孤。后来司马懿做了什么？他把齐王芳给废掉了。与司马懿不同，诸葛亮在接受托孤之后，他做了两方面的事：一是反复向刘禅说明，自从先帝三顾茅庐之后，我感知遇之恩，拿定了主意，“鞠躬尽瘁，死而后已”，我现在所做的一切，都是为了报答先帝，而不仅仅是为了你刘禅；二是为了治理好蜀汉，诸葛亮基本上是大权独揽，刘禅不大管事。尽管不大管事，刘禅也想得通，因为诸葛亮并不贪图皇帝这个位置，他只是全心全意地完成刘备的嘱托。

这是刘备和诸葛亮之间的关系。在中国历史上，帝王和丞相之间，关系如此融洽，刘备和诸葛亮可以说是一个典范。其他的搭档，也有关系好的，比如刘邦和他的谋士张良之间。不过，当刘邦得了天下之后，张良就隐居去了，求仙去了，不做官了。相互之间，还是免不了猜忌。而刘备和诸葛亮之间，始终保持了互相信任，体现了帝王和丞相关系的理想状态，所以杜甫《蜀相》一诗中这样赞颂诸葛亮：“三顾频烦天下计，两朝开济老臣心。”杜甫是一个厚道的诗人，他真诚地赞美这样一种君臣关系。

再看刘备和赵云的关系。赤壁之战之初，曹操挥师南下，直逼江陵。此时，刘备正带着人马往江陵方向缓慢前行。跟随刘备的有十几万人，小部分是当年刘表的下属，大部分是荆州百姓，他们不愿归顺曹操，所以跟着刘备南奔。曹操领着轻骑，飞快追赶，三下五除二，在长阪坡追上了刘备的人马。这时，有人告诉刘备，说赵云投靠曹操去了。之所以做出这样的判断，是因为他们亲眼看见赵云往北走了。此时此刻，不往南边的江陵方向走，而往北边走，不是投靠曹操是干什么呢？张飞是和赵云来往密切的人，连他也起了疑心，告诫刘备提防着点。这时，刘备正好拿着一支手戟，就是《三国演义》里边那个方天画戟的戟。戟有两种用法，大的呢，放在那个长杆子尖上，可以在比较远的地方刺人；小的拿在手上，可以在近处扔着杀人。刘备听这个人说赵云投降了曹操，二话不说，挥着手戟，朝那人扔了过去。当然，并没有扔到那个人身上，原因可能是：刘备的技术不怎么好；或者他本来也不想杀这个人，只是做个姿态而已。刘备做出这个姿态，就是要告诉周围的人，我和赵云肝胆相照，我不会对不起赵云，赵云也不会做对不起我的事情。他怎么可能离开我，去投降曹操呢？这个表态，当然比所有的言辞都更有效果。

果然，过了一会儿，赵云回来了，把刘备那个扶不起来的儿子阿斗抱回来了，还把刘备的甘夫人带回来了。原来，他只身北去，就是要救他们。“初，先主之败，有人言云已北去者，先主以手戟擿之曰：‘子龙不弃我走也。’顷之，云至。”“及先主为曹公所追于当阳长阪，弃妻子南走，云身抱弱子，即后主也，保护甘夫人，即后主母也，皆得免难。”（《三国志·蜀书六·赵云传》）《三国演义》中，赵云万马军中救阿斗那一段，写的就是这次壮举。

再说第三组关系，刘备和关羽。说到刘备和关羽，通常还会提到第三个人，张飞。说到刘、关、张，人们又会想起《三国演义》第一回的“桃园三结义”，三个人发过一个志愿，“不愿同年同月同日生，但愿同年同月同日死”。桃园三结义不是真的，是民间故事，后来被写进了《三国演义》。不过，在历史上，关羽、张飞和刘备的友情确实非同寻常，经常被描述为“寝则同床，恩若兄弟”（《三国志·蜀书六·关羽传》）。也就是说，在公开场合，他们是守君臣礼节的，而私下则像兄弟一样亲密，这是历史上的刘、关、张的友情。

这里要特别提到一件事：在东吴吕蒙偷袭荆州害死关羽以后，刘备举全国之力为关羽复仇。关羽被害，这让刘备进退两难：从总体战略来讲，蜀汉必须保持和东吴的联盟，这样才能在和曹魏的较量中处于比较有利的状态。但是眼下，自己的兄弟关羽却被东吴害死了，还能和东吴相安无事吗？刘备决意把全国的力量动员起来，对东吴发动一场规模空前的复仇攻势。对刘备的这一动议，几乎朝廷里所有重量级人物都表示反对，诸葛亮反对，赵云也反对。诸葛亮和赵云的理由，完全一致：蜀汉主要的对手是曹魏，不是孙权；从蜀汉自身的处境来看，也应以对曹魏发动攻势为主，而不应把主力用来和东吴决战。“汉主耻关羽之没，将击孙权。翊军将军赵云曰：‘国贼，曹操，非孙权也。若先灭魏，则权自服。今操身虽毙，子丕篡盗，当因众心，早图关中，居河、渭上流以讨凶逆，关东义士必裹粮策马以迎王师。不应置魏，先与吴战。兵势一交，不得卒解，非策之上也。’”（《资治通鉴》卷六十九）

与蜀汉这边议论纷纷的同时，在曹魏那边，也在议论纷纷，曹魏的几个重要谋士，和曹丕一起讨论一个话题。曹丕问：关羽被东吴害了，刘备会不会报仇？大多数人都说，刘备不会报仇。理由是，蜀汉名将，最出色的就是关羽；关羽死了，刘备元气大伤，哪有力量发动一场对东吴的大规模战争？只有一个人，叫刘晔，他确信刘备会向东吴复仇。刘晔说了两点理由：第一，刘备虽然目下军事实力不强，但是刘备有向外界显示军事实力的意愿，发动对东吴的战争可以取得这样的效果；第二，刘备和关羽的情义不同一般，用刘晔的话说，是说恩若父子。为什么要比喻成父子而不是比喻成兄弟呢？大概刘晔觉得，把君臣关系比喻成兄弟关系，不大合适，君臣关系最妥当的比方，还是父子关系。在五伦里面，君臣、父子是可以并提的。刘晔说，刘备和关羽之间，“名为君臣，恩若父子”，关羽被害，刘备必须向外界表明他和关羽之间的深恩厚谊，发动复仇战争是理所当然的。“羽死，不能为兴军报敌，于终始之分不足矣。”（《资治通鉴》卷六十九）后来的事实证明，刘晔的判断是对的。刘晔做出判断的理由，有助于深入理解刘备。

在三国历史和《三国演义》的解读当中，大多数学者和读者，都认为刘备发动对东吴的战争是致命的败笔。因为这一败笔，整个蜀汉元气大伤，甚至在西南土著孟获这些人发动叛乱时，诸葛亮都抽不出军队去平叛，而只能用怀柔的方式，安抚他们。刘备把蜀汉主力都带到了前线，也葬送在了前线。刘备为什么要来这一场豪赌？理由就是刚才说的，刘备一定要为关羽报仇，要向天下人证明他们那种情若兄弟的感情。明人朱国桢《涌幢小品》中曾说：“刘先主与云长结为兄弟，义气甚重。方即位，而云长败死。平时共患难死生，不少须臾离，而一旦委之虎口，既忝为兄，又做皇帝，戴平天冠，而弟仇不少泄，当日誓言为何？又何以见天下？故刘先主之行，决不可已；即不行，亦须枉受张翼德一番臭气，驻手不得。惟一败，气结而死，故可以下见云长，而先主之心，亦可以无愧无憾。此正英雄本色，天下为轻、义为重者。况乘此机会，及其锐而用之，直下吞吴，亦未可知。当时孔明知先主之心，亦不强谏，既败，泣下曰：‘法孝直若在，必能制主上东行；纵行，必不倾危。’亦是感慨无聊之言；非孝直真能制之，而保其不败也。”确实，刘备借着蜀汉上下的士气和民愤来发动这场战争，既表明了他与关羽的感情之深，又可能实现他的战略意图。刘备也许以为，在周瑜和鲁肃去世之后，东吴已经没有杰出的谋略家和军事家，借着这个机会顺江东下，可以把东吴一举踏平。同时刘备也有把握，在他攻灭东吴的过程中，曹魏不仅不会帮东吴，还有可能帮着去灭东吴。为什么？因为两家来灭东吴，成事容易，而灭了东吴之后，曹魏可以顺势把江浙一带纳入囊中。有了黄河流域和江浙作为本钱，再来灭掉蜀汉，难度就小多了。所以，刘备发动这一场战争，也可能有他自己的战略意图。不过，所有这种推论，都是我个人的理解，只是一家之言。而公众一致的看法是：刘备发动这场战争，表明了他对关羽的那种兄弟之情，他为了这种感情可以牺牲自己的事业。

第四组关系，刘备和黄权之间。黄权本是刘璋的部下。刘备夺了刘璋的地盘，他做的一件很得人心的事就是重用刘璋的那些亲信，这当中就包括黄权。黄权和刘备交往的时间虽然不长，但也到了互相信任的地步。从这里，确实可以看出刘备的特殊魅力和能力，既能准确地看出对方是一个什么样的人，又能让对方充分了解他的诚意。在人类生活中，经常出现一种尴尬情形，要么是看人看不准，要么是虽然看准了，却不能得到对方的充分了解。沟通是一种才能，刘备就具有超强的沟通能力。刘备带领蜀汉军队去打东吴，败得一塌糊涂，“永安托孤”，他的主力已损失到所剩无几。此时，黄权的处境十分尴尬。黄权当初曾请示刘备，说：主公，这一次打东吴，你不要在最前面，应该让我先去试一下深浅，你再来。刘备说，你太有本事了，我不能把你这样有本事的人用来打前锋，你还是驻扎在长江以北，随时留意曹魏的动静，一旦有什么风吹草动，一定要坚守住。于是黄权镇守在江北。现在刘备吃了败仗，黄权回蜀汉的路已被东吴切断，投降东吴，他又不愿。实在没有办法，黄权只好投降了曹魏。“南军败绩，先主引退。而道隔绝，权不得还，故率将所领降于魏。”（《三国志·蜀书十三·黄权传》）魏文帝曹丕问他：你是不是效法历史上的陈平和韩信？陈平和韩信最初都不是跟着刘邦干的，后来跟着刘邦，建立了丰功伟绩。黄权答道，我这样一个人，是不配拿陈平和韩信来自比的。我是因为不愿意投降东吴，而蜀汉我又回不去了，才暂时到这里躲避躲避，活一条命也就够了。他一边说，一边流泪。有人告诉黄权说，你归顺了曹魏，你家里的人，都被刘备杀掉了。黄权不信，他的回答是：我和刘备、诸葛亮之间，推诚相待，互相信任，他们不会做这样的事，这个信息可能不准，等一段时间再说。蜀汉这边，也有人请示刘备，说黄权已经投降了曹魏，必须把他的家里人抓起来，以示惩罚。刘备不同意，说黄权落到现在的境地，是我的责任，是我把他派到那个地方，他走投无路，才这样做的；黄权即使归顺了曹魏，也不会做对不起我的事情。我不能对不起黄权，一定要善待他的家人。刘备诚恳待人，却又不同于一般意义上的忠厚。刘备长于和部下之间建立一种互相信任的关系。

上面说的这几组关系，都是给刘备加分的。普通的听众或者读者，在知道了这样一些事情之后，他们会产生什么样的感受？不妨这样推论：对于普通百姓来说，日常的生活情境最能让他们感同身受。他们在乎的是，在日常生活中，所交往的人，一定要靠得住，要值得信任。和他人在同一个房间过了一夜，早上起来，还能好好活着，这才是生活中要紧的事。在曹操和刘备之间，当普通百姓知道了曹操如何对待他的下属，知道了刘备如何对待他的下属，自然会偏爱刘备：这个人值得交朋友。和他交了朋友，虽然不一定得到意外的好处，但他能够保证你的身家性命，能够保证你的基本尊严。至于曹操那些卓绝一世的谋略，那些才情洋溢的诗文，离日常生活情形太远了，不可能引发亲切的认同。老百姓偏爱刘备，是以他们的日常生活体验为前提的。

可以得出一个结论：无论是历史的三国，还是民间的三国，对曹操和刘备的评价都是符合历史事实的。它们的差别不在于历史的三国符合历史事实，民间的三国不符合历史事实，而在于历史的三国和民间的三国评价人物的着眼点不一样。历史的三国重视的是才能，你的事业做得大，对你的评价就高；而民间的三国重视的是人品，你对周围的人好，就喜欢你，你对周围的人不好，就厌恶你。

四

气量宽厚的周瑜何以成了嫉贤妒能的小人

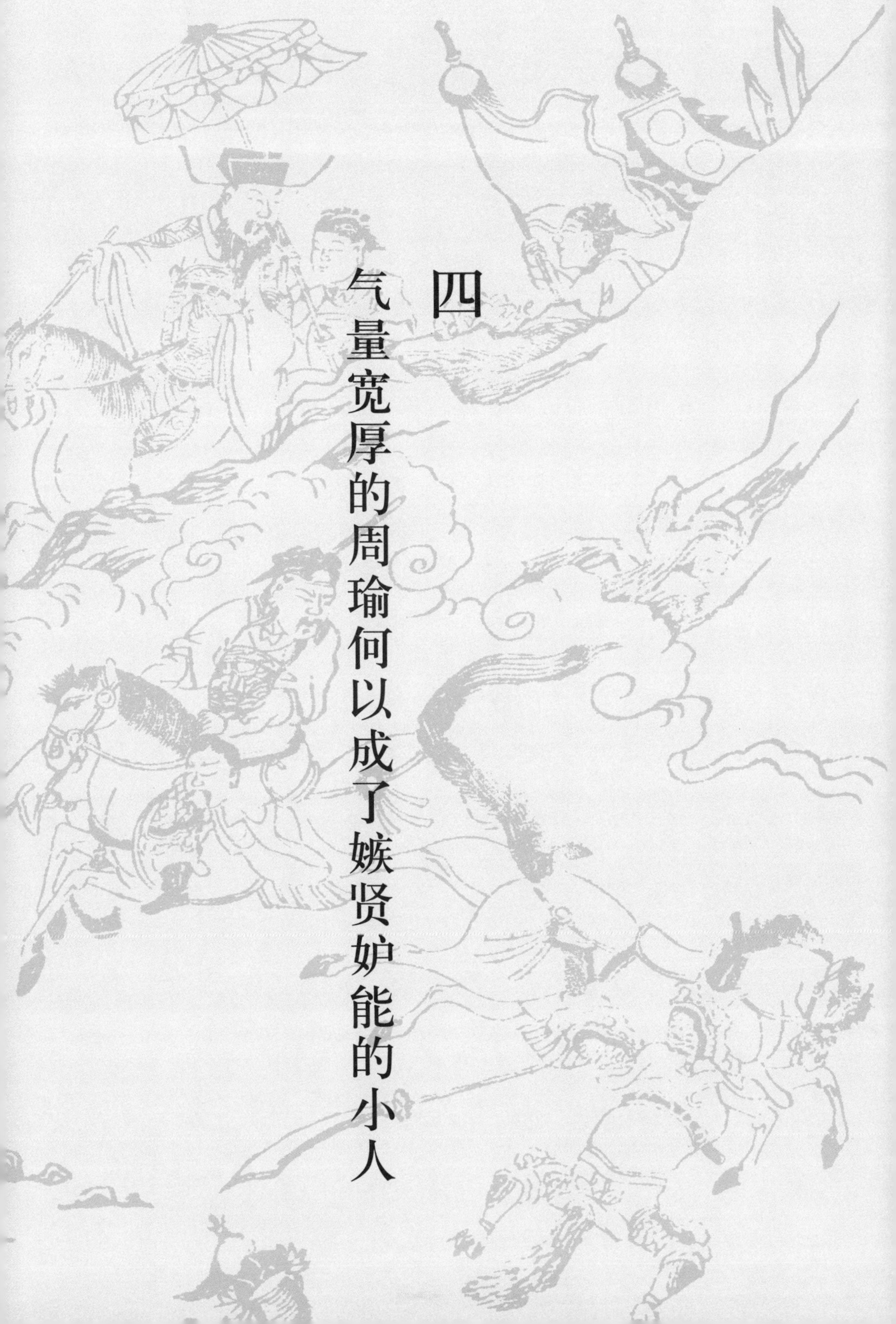

丈夫处世兮立功名
立功名兮慰平生
慰平生兮吾将醉
吾将醉兮发狂吟

接下来谈谈东吴方面的一个人物，周瑜。

历史上的周瑜，气量宽厚，很有人格魅力。他有一个同事，叫程普，在两个人的长期相处中，周瑜的气量宽厚表现得尤为明显。周瑜和程普官阶相同，但程普的年纪比他大了不少。程普不服气，经常摆老资格，也就是故意端架子让周瑜难堪。而每一次，周瑜都并不在意，像没事儿一样。他理解程普的心态，一个年纪大了一截的人，和一个晚辈处在同一个级别上，程普感觉内心憋屈。久而久之，程普对周瑜佩服不已，感慨说："与周公瑾交，若饮醇醪，不觉自醉。"（《三国志・吴书九・周瑜传》）跟人相处，可以让人达到醉的状态，那是一种什么魅力。

在《三国演义》里，读者看到的周瑜，却是一个心胸狭窄、嫉贤妒能的人。他曾难受地说，"既生瑜，何生亮"（《三国演义》第五十七回"柴桑口卧龙吊丧　耒阳县凤雏理事"）。既然生了我周瑜，还生诸葛亮干嘛，这是一种什么心态？这样一个周瑜，忍受不了诸葛亮比他强。诸葛亮比他强，他心里就像刀扎一样难受，老是想着如何下手坑害诸葛亮。

在民间的三国中，周瑜被掩盖的长处，不只是心胸宽厚，还有其他许多方面。要罗列的话，至少还可以扳四次指头。第一，他年纪轻轻就建立了卓越功勋。这个令后来的人极为羡慕，比如北宋的苏轼。苏轼有一首广为传颂的词叫《念奴娇·赤壁怀古》。这首词的最后一句说："故国神游，多情应笑我，早生华发。"如果周瑜回到他指挥过赤壁之战的地方来看一看，他一定会笑话我苏轼，功不成名不就，却已经长了那么多白发。周瑜有个美称，叫"周郎"，是说这个建立了卓越功勋的人，依然青春焕发。第二，周瑜的形象极好，雄姿英发，连行头也非同一般。周瑜的标配是"羽扇纶巾"。不要小看这个羽扇纶巾。在战场上，随处可见的是兵器，羽扇纶巾是不容易见到的。一个将领，如果挥着羽扇、戴着纶巾来指挥作战，就足以显示其不凡气度，一种稳操胜券的气度。羽扇纶巾，是气度，也是风度。第三，周瑜的夫人极其出色，据说是中国古代的十大美女之一。"遥想公瑾当年，小乔初嫁了，雄姿英发。"人们经常说，男人的一半是女人，或者说女人的一半是男人。潜台词是，你的妻子也是外界了解你的一扇窗口。就算一个不大了解周瑜的人，看到那么出色的小乔，也就可以想见周瑜的不同凡响了。第四，在将领和谋略家的身份之外，周瑜还是一个出色的音乐家。作为音乐家，周瑜到了一种什么境界？就算他喝了三杯酒，也就是说，就算他喝到微醺，如果有人演奏音乐出了一点纰漏，他仍能敏锐地听出来。这时，他会下意识地回头朝演奏者看一下。一句俗谚"曲有误，周郎顾"，说的就是这种情形。周瑜这个人，多才多艺，风度翩翩，足智多谋，气度宽厚，确实令人钦佩。

只是，周瑜的这些长处，在《三国演义》里，要么是被掩盖了，要么是被改变了。比如周瑜的装束，最有范的就是羽扇纶巾，《三国演义》却给了神机妙算的诸葛亮。也许，"演义"的作者认为，周瑜不配用羽扇纶巾，只有诸葛亮才配。除了羽扇纶巾，那个音乐家的才能，也没有了。那个年轻英俊的形象，也消失得无影无踪，周瑜一出场，就仿佛是一个中年人了。还有小乔，本来是给周瑜加分的，在《三国演义》中，她虽然也露了一下脸，却被诸葛亮用来激将周瑜，未能给周瑜增色，反倒让周瑜难堪。

诸葛亮到东吴去，为了激将周瑜联刘抗曹，他这样挑逗周瑜：你知道曹操挥师南下，主要目的是什么吗？不为别的，就是来抓大乔和小乔的。诸葛亮还顺手把曹操的《铜雀台赋》的两句改了一下，成了“揽二乔于东南兮，乐朝夕之与共”（《三国演义》第四十四回“孔明用智激周瑜　孙权决计破曹操”）：把大小乔从东吴移入铜雀台，我曹操要日日夜夜跟她们在一起快活。诸葛亮的话让周瑜大为愤怒，当时就拍案而起，发誓跟曹阿瞒决一雌雄。从《三国演义》的这些安排，可以得出结论：从历史的三国到民间的三国，周瑜的形象有了大幅度改变，一个雄姿英发的历史英雄，成了猥琐不堪的小丑型人物。

这里要问，为什么《三国演义》要对周瑜的形象做如此巨大的改变？

之所以做这样的改变，是因为历史上的周瑜，一直是反对联合刘备共同抗击曹操的，和主张联合刘备共同抗击曹操的鲁肃正好成为对照。

三国时期的东吴，应该如何处理和刘备的关系，鸽派和鹰派的主张是大为不同的。鸽派的代表人物是鲁肃；鹰派的代表人物，早期是周瑜，后期是吕蒙。作为早期鹰派的代表人物，周瑜和鲁肃对当时的政治态势有不同的判断。诸葛亮初出茅庐，曾和刘备一起分析过天下大势，其中一个重要判断是：曹操已经占领了中原。中原一带的面积大概占到全国将近一半，那里的人口和税收，是全国的十分之六左右。它是天下的主体部分。东吴已经占领了江东，包括江浙、安徽，以及现在湖南和湖北的一些地方。地盘不算小，但是人口不多，大概占天下税收的十分之二。诸葛亮提醒刘备，他可以拿来作为自己战略依托的，只有荆州和益州。“荆州北据汉、沔，利尽南海，东连吴会，西通巴、蜀，此用武之国，而其主不能守。此殆天所以资将军。”“益州险塞，沃野千里，天府之土，高祖因之以成帝业。刘璋暗弱，张鲁在北，民殷国富而不知存恤，智能之士思得明君。”（《三国志·蜀书五·诸葛亮传》）这也就是所谓三分天下的格局。与这个三分天下的格局密切相关，诸葛亮提出了一个战略上不可动摇的原则，那就是“联孙抗曹”。曹操的力量，绝不是孙权一家可以对付得了的，也不是刘备一家可以对付得了的。无论是刘备，还是孙权，如果要在这个鼎足而立的格局中生存，只有两个可以选择的方案：第一个方案是归顺曹操，封侯，也可能封公，享有管辖某一个地方的权力。不过，既然归顺了曹操，就得服从曹操的管理。首先，你得有人质押在那里，没有人质，曹操是不放心的。具体地说，孙权要把太子送到许都，由曹操控制起来。其次，曹操会要求孙权上缴部分税收。控制一个地方的税收，是国家权力管控的主要标志之一。再次，孙权必须定期去朝廷述职。如果不按时向朝廷述职，那就是叛乱；但如果真的按时述职，曹操要收拾孙权就太容易了。也就是说，一旦归顺了曹操，曹操就有办法最终把孙权吃掉。所以，孙权不愿意做这样的选择，刘备也不愿意做这样的选择。既然不想归顺曹操，就只有选择第二个方案，孙、刘两家联合，共同对付曹操。如果曹操在那边攻打孙权，刘备就在这一边攻打曹操；如果曹操在这边攻打刘备，孙权就在那一边攻打曹操。当时有三个经常交战的地方：一是合肥，一是襄樊，一是祁山。经常出现的一个情况是：刘备这边在祁山和曹军交锋，孙权便在合肥动手；孙权在合肥和曹军交锋，诸葛亮就兵出祁山，或者关羽从襄樊出师。这样做的目的，是让曹军不能集中兵力收拾其中的一方。因为，如果其中的一方被收拾掉了，另外一方接下来也会被收拾掉。曹操单独收拾一家是不困难的。

历史上曾经发生这样一件事情：刘备讨伐东吴失败，蜀吴联盟处于破裂状态。这种破裂状态，让东吴和蜀汉都有可能被曹魏各个击破。这时，孙权感到了危险，于是假惺惺地归顺了曹操。而诸葛亮是不愿意这样做的，“汉贼不两立”是蜀汉的旗号，不能因为权宜之计而放弃大的原则。诸葛亮派了邓芝出使东吴，意在修复蜀汉和东吴的联盟。孙权故意不接待邓芝，因为孙权已经表面上归顺了曹魏，如果接待邓芝，会被加上背叛朝廷的罪名。孙权在那里迟疑的当口，邓芝上了一道表给孙权，说：你理当尽快跟我沟通，因为我这次来，不只是为了蜀汉，也是为了东吴。孙权这才接待了邓芝。邓芝跟孙权谈的，主要就是孙刘两家，合则两利，斗则俱伤；为了不被曹魏各个击破，东吴必须恢复和蜀汉的联盟。孙权同意邓芝的判断，答应和曹魏一刀两断，孙刘两家，还是战略伙伴关系。接下来，孙权跟邓芝套近乎说，现在我们可以规划一下，有朝一日，把曹魏灭掉之后，可以画一条线为界，一边是我们的，一边是你们的，相安无事，共治天下。邓芝听完，说了一段话，大出孙权所料。邓芝说：且慢！“夫天无二日，土无二王，如并魏之后，大王未深识天命者也，君各茂其德，臣各尽其忠，将提枹鼓，则战争方始耳。”（《三国志·蜀书十五·邓芝传》）邓芝为什么这样大杠孙权？邓芝这样说，是要强调：东吴和蜀汉结盟，并不是因为两家友谊深厚，关羽都被东吴害死了，还谈什么友谊；而是利害关系使然，不得不这样，尽管东吴害死了关羽，蜀汉也还是要跟东吴结盟。从邓芝和孙权的交谈，可以更清楚地认识孙、刘联盟的历史缘由。

那么，对于孙、刘之间的关系，鲁肃是怎么看的？鲁肃第一次见到孙权，孙权就告诉他，我这一辈子最大的愿望，就是想做齐桓公、晋文公，“奉天子以令诸侯”。鲁肃答道，这个愿望不切实际。现在有条件“奉天子以令诸侯”的只有曹操，他已经把汉献帝控制在自己手上，他的实力绝对不是你能挑战的。从孙权的角度考虑问题，时下应该做的，是趁曹操在北方经营，没有精力顾及南方的时候，抓住机会，“剿除黄祖，进伐刘表，竟长江所极，据而有之，然后建号帝王以图天下，此高帝之业也”（《三国志·吴书九·鲁肃传》）。以江东为根据地，先把黄祖干掉，再收拾刘表，把荆州据为已有，然后拿下益州。把长江流域经营好了，就有了统一天下的资本，随时可以见机行事。这就是鲁肃最初的战略构想，其要点是，要孙权经营好南方，再找机会拿下北方。他还没有留意和刘备的关系。

曹操挥师南下，直逼荆州，这时鲁肃的想法有所改变。他提醒孙权：曹操快到荆州了，而荆州刘表的两个儿子，刘琦和刘琮，为了争夺继承权，正闹矛盾。我要赶紧去荆州考察一下。如果荆州内部一团混乱，可以趁这个机会把荆州拿下，就势抗击曹操。如果刘备和刘表关系融洽，可以跟他联合，一起对付曹操。

鲁肃这样说，是基于他对刘备的了解。刘备在荆州已经待了五六年了。在这五六年间，刘备一直在苦心经营，一直没有放弃逐鹿天下的志向。有一次，他见自己身上的肉多，大腿变粗，不禁伤心流泪。他当然不是因为身材不好而伤心，他是感慨自己没做成大事，却过上了悠闲自在的生活，以至于胖了许多。他勉励自己保持一种卧薪尝胆的状态。而他经营的主要内容，就是把刘表那些部下和荆州百姓凝聚在自己的周围，让自己事实上成为荆州的主心骨。名义上的领袖是刘表，刘备不想改变这一事实；但刘备有志于成为事实上的主心骨，他也确实达到了目的。曹操挥师南下之时，刘表已经去世，刘表的小儿子刘琮接管了荆州。虽然刘琮归顺了曹操，而荆州的大部分人都跟着刘备去了江陵。刘备在荆州是有号召力的。他身边还有关羽、张飞、赵云、诸葛亮，已经成了气候。

对于刘备的进一步了解，促使鲁肃确定了联刘抗曹的战略设想。他这样劝说孙权：刘备非刘表可比，不是东吴可以轻易吞并的。既然吞并不了他，就应该跟他联合起来。可以联合刘备，而不能够对他下手。要抓紧时间跟刘备谈联合抗曹的事，不要让曹操得了先手。“如其克谐，天下可定也。今不速往，恐为操所先。”（《三国志·吴书九·鲁肃传》）鲁肃到了荆州，与诸葛亮一拍即合。刘备当即派诸葛亮跟鲁肃一起去见孙权，正式确立了孙刘联盟。看得出来，孙刘联盟，是由鲁肃和诸葛亮一手促成的。

孙、刘结盟，可以说是孙、刘相互妥协的结果。其中一个具体的成果，是所谓“借荆州”，说东吴把荆州暂时借给刘备用一段时间，等刘备以后得了益州，再把荆州还给东吴。就历史的实情而言，这个说法当然是不能成立的。荆州本来是谁的？是汉朝的。汉朝给刘表管理，可以算是刘表的。刘表死了，继承者是他的小儿子刘琮，刘琮投降了曹操，荆州就成了曹操的，当然名义上仍属于汉朝，因为曹操是汉朝的丞相。赤壁大战，刘备把荆州拿到了手中，他是从曹操手上夺下荆州的，不是从东吴借来的。这就是历史的事实。有趣的是，虽然事实如此，刘备和诸葛亮却都愿意承认，是刘备借了东吴的荆州。为什么要承认？其实就是向东吴妥协，虽然刘备实际上控制了荆州，但名义上荆州是东吴的。之所以向东吴做出妥协，是因为深知东吴想得到荆州。东吴的都城本来在建业，也就是现在的南京。之后为什么要迁到武昌？就是为了早日控制荆州。刘备怕东吴对荆州下手，索性允诺东吴，荆州是你们的，只是我刘备没有地方立足，先借我一段时间，到时还你。而从东吴那一面看，“借荆州”也是一个妥协。那些鹰派人物不断给鲁肃施加压力，说，就是你坏事啊！你看，一场赤壁之战，东吴是战场主力，仗打赢了，荆州理应归东吴所有，现在落到了刘备手上。你想办法把荆州要回来。因为受到的压力太大，历史上还真发生过单刀赴会这件事情。不是关羽单刀来见鲁肃，而是鲁肃单刀来见关羽，谈的就是荆州的归属事宜。鲁肃理直气壮地说：当年跟我们合作，你们就是想活下去，并没有想得到那么多好处。现在你们得到的好处太多了，这太不仗义了！刘备作为一个众望所归的英雄，做如此不仗义的事，也太说不过去了吧！结果关羽还真有点羞愧。刘备这边如果不承认借了东吴的荆州，鲁肃就没法向东吴鹰派作解释。鸽派，总是比较被动的。由此我们知道：在战略上，鲁肃对刘备集团是比较友好的。因为这种战略上的友好态度，在《三国演义》里，他被塑造成了一个忠厚长者，经常扮演保护诸葛亮的角色。战略上的鸽派与性格上的忠厚，当然不是一回事，但两者之间确实有内在关联。

说了鲁肃，回头再说周瑜。

在战略上，周瑜坚定不移地反对与刘备结盟。他曾和孙权深入讨论过一个话题，如何经营天下。周瑜指出：江东已经是我们的了，下一步是把荆州弄到手，接下来是把益州也弄到手。如果荆州和益州都是我们的，这个本钱够好了，何必要靠刘备呢？刘备这个人，当然是一个英雄。但是，如果把他和关羽、张飞分开的话，君臣不在一起，就形成不了气候。一次，刘备因为借荆州的事去了东吴，周瑜以为这就是下手的好机会。他提醒孙权，趁刘备在这里出差，把刘备软禁起来，给他住好的宫馆，给他尽量多的美女美食，让他安于这种粉红色的生活，不思进取。只要刘备不在荆州，关羽、张飞这些人就没有了主心骨，就可以为我们所用了。我周瑜是有能力驾驭他们的。我带着他们去打仗，把刘备的将领变成我们的将领，岂不是一举两得？结论是，东吴不需要和刘备结盟。周瑜的这个建议，孙权差一点就同意了。他最终没有同意，是因为他有顾虑。“权以曹公在北方，当广揽英雄，又恐备难卒制，故不纳。”（《三国志・吴书九・周瑜传》）第一，北方还有曹操的威胁，应该多招揽英雄，不能这样打压刘备。第二，就算把刘备软禁了，关羽和张飞也不一定听你的。第三，刘备在荆州经营多年，荆州的那些官员和百姓，如果不是刘备去领导他们，估计内部会有很多不稳定因素。如果内部不稳定，北边又受到曹操的攻击，荆州这个地方，不一定掌控得住。在目前境况下，还是借重刘备的好。这是孙权的想法，所以他放刘备回了荆州。过了一段时间，刘备知道了周瑜曾经要把他软禁在东吴，感叹说，我去东吴之前，孔明也提醒我不要去，怕的就是去了之后回不来，果然真有这样的危险。但是没有办法呀，借荆州这样的大事，不亲自去就摆不平啊。看来，以后跟东吴打交道，得多留一个心眼。从这个例子可以知道，在东吴内部，有一个强大的鹰派存在，他们坚信：如果东吴能把荆州据为己有的话，是可以把刘备撇开的。只有在实在绕不过刘备的时候，他们才会有一些友好的表示。

孙权虽然放刘备回了荆州，但还是想控制他，其中一招，是把他的妹妹嫁给了刘备。孙权比刘备小二十岁。他的妹妹，比刘备就小得更多了。典型的老夫少妻。但这个不在考虑之列，关键是孙权这个妹妹有“诸兄之风”，和她的几个哥哥一样，不爱红装爱武装，刀枪剑戟，用得都很娴熟；她所有的丫环，也都有一手功夫。据说，自从娶了孙夫人，刘备每次进卧室，都会流一身冷汗。“初，孙权以妹妻先主，妹才捷刚猛，有诸兄之风，侍婢百余人，皆亲执刀侍立，先主每入，衷心常凛凛。”（《三国志·蜀书九·法正传》）每天早晨起来，刘备看自己还活着，就感到庆幸。那个时候，既有北方的曹操随时可能南下，又有东吴卧在身边的一只雌虎，刘备日日夜夜都不得安宁。后来，他占了益州，既不怕曹操随时攻打，又把孙夫人撂在了荆州，刘备才有了自在的感觉。孙权接他妹妹回东吴，孙夫人走的时候，做的最重要的事，是把刘禅带在身边："此时先主孙夫人以权妹骄豪，多将吴吏兵，纵横不法……权闻备西征，大遣舟船迎妹。而夫人内欲将后主还吴，云与张飞勒兵截江，乃得后主还。"（《三国志·蜀书六·赵云传》）为什么要把刘禅带到东吴去？其实是要留一个人质。虽然没有控制住刘备，但是控制了刘备的儿子，也是挺厉害的。刘备到底有心眼，或者说刘备的部下到底有心眼，他们截住孙夫人的船，把刘禅给带回来了。《三国演义》中的"赵云截江夺阿斗"，是历史上真实发生过的事。从东吴对荆州的觊觎可以看出，后来关羽镇守荆州，处境其实是极其危险的，因为东吴鹰派随时都有可能对他下手。

而关羽呢，面对来自东吴的威胁，防范意识是不到位的。孙权曾想用一个办法来笼络或控制关羽，让自己的儿子娶关羽的女儿。结果关羽不干。"羽骂辱其使，不许婚，权大怒。"（《三国志·蜀书六·关羽传》）当年孙权要把他的妹妹嫁给刘备，刘备不敢不接受，要维持孙刘联盟，不能不随时妥协。而关羽不光拒绝，还要辱骂东吴使者。这表明，关羽对东吴是太轻视了。像这样一种婚姻关系，不是你想不干就可以不干的。刘备和诸葛亮是政治家，他们懂得权衡利害，谨慎防范。关羽不是政治家，免不了感情用事，疏于防范。而这，就为他后来的被害，埋下了伏笔。

从逻辑上说，关羽的被害，是东吴鹰派共同制造的一个后果。东吴鹰派中，最早的代表人物就是周瑜。所以，关羽虽然不是周瑜害死的，而是死于吕蒙的偷袭，但是如果周瑜活着，他也会和吕蒙一样做同样的事。“演义”的作者不喜欢周瑜，是因为周瑜是刘备集团的对头。“演义”的作者，对刘、关、张和赵云、诸葛亮，确有一种发自内心的好感，对他们友好的，就写得可爱；对他们不友好的，就写得可恶。周瑜处心积虑地跟他们过不去，当然是不讨人喜欢的。战略上的鹰派和性格上的小肚鸡肠，当然不是一回事，但都表现为跟诸葛亮过不去，跟刘备过不去，跟关羽过不去。历史上气量宽厚的周瑜，被“演义”的三国写得那么小肚鸡肠，是有脉络可循的，是有原因的。

就历史上的周瑜来说，夺取荆州，全据长江，徐图进取，是他一贯的战略思想。周瑜跟刘备集团过不去，是其战略思想使然，并不是因为他心胸狭窄。正如鲁肃主张联刘抗曹，是其战略思想使然，并不是因为他为人忠厚。《三国演义》将战略思想的分歧化为人品的差异，这是“民间三国”的重要遗产。我们不必用“民间的三国”去批“历史的三国”，也不必用“历史的三国”来批“民间的三国”。

五 是道德更是权谋

血流芒砀白蛇亡
赤帜纵横游四方
秦鹿逐翻兴社稷
楚骓推倒立封疆

在是否称帝这件事上，曹操表现出了远过于袁术等人的政治智慧，而刘备对这一套权谋看来也一样精通。

袁术在淮南，地广粮多，又有孙策所质玉玺，便做起了称帝的美梦。他对众人说："昔汉高祖不过泗上一亭长，而有天下；今历年四百，气数已尽，海内鼎沸。吾家四世三公，百姓所归；吾欲应天顺人，正位九五。尔众人以为何如？"主簿阎象明确表示反对，理由是：当年周代始祖后稷积德累功，一直到周文王，拥有天下三分之二的疆土，仍然没有篡殷。你袁术虽然家世显贵，但比不上周文王，此其一；汉室虽然衰微，但还没有像殷纣王那样残暴，此其二；这样看来，称帝的事"决不可行"。但袁术一意孤行，于建安二年称帝于寿春，建号仲氏。从道德上说，这是不忠；从权术上说，这是无谋。盖建安初年，天下仍处在群雄并立的阶段。刘备、孙策、袁绍、公孙瓒、吕布、张绣、张鲁、刘表、刘璋、马腾、韩遂，没有一个人敢僭帝号，而袁术却冒天下之大不韪，自立为皇帝，当然会成为众矢之的了：天下英雄群起而攻之，他转眼便倒台了。

曹操就高明许多。他的确不把汉献帝放在眼里，但"许田打围"后，他就不再萌生废立之意，确乎权术过人。曹操曾请献帝到许田围猎，想借此机会观察群臣动静。刘备、关羽等亦随驾出猎。看见荆棘丛中跳出一只大鹿，献帝连射三箭不中，命曹操射。曹操要过献帝的宝雕弓、金铍箭，扣满一射，正中鹿背，倒于草中。群臣将校见了金铍箭，以为是献帝射中的，都踊跃向献帝齐呼“万岁”。这时，曹操竟纵马直出，拦在献帝前迎受。这一举动令群臣惊诧不已，“众皆失色”。曹操从这一反应看出，废立之事不可擅行。“挟天子以令诸侯”，让汉献帝拥有天子的名分，而自己操纵天子的实权，比空有其名的袁术“实惠”多了。

即使是在一统北方，天下已三足鼎立之时，曹操仍然没有“进一步”的打算。曹操病重期间，孙权写信给他，说：“臣孙权久知天命已归王上，伏望早正大位，遣将剿灭刘备，扫平两川，臣即率群下纳土归降矣。”曹操看了，大笑说：“是儿欲使吾居炉火上耶！”侍中陈群等人奏道：“汉室久已衰微，殿下功德巍巍，生灵仰望。今孙权称臣归命，此天人之应，异气齐声。殿下宜应天顺人，早正大位。”曹操笑着说：“吾事汉多年，虽有功德及民，然位至于王，名爵已极，何敢更有他望？苟天命在孤，孤为周文王矣。”曹操的意思是说：如果天命眷顾曹家，那他宁愿做周文王，而让儿子做周武王。周文王时，虽然他已“三分天下有其二”，但照常称臣，不去挑战殷纣王的君权；他把取代殷商的事留给儿子周武王去做。为什么留给儿子去做呢？因为这可以把阻力降到最低。曹操把自己比为周文王，也就是让他的儿子曹丕来灭掉汉朝，目的也是降低灭汉的成本。从实质上说，这是有谋；而在表面上，则是“忠君”。曹操把自己装点成一个照儒家政治伦理行动的人，显示了过人的政治谋略。

其实，把道德当权术来用，刘备同样深谙此道。初平四年，曹操率大军攻打徐州，刘备领兵相救。徐州牧陶谦欲将徐州牌印相让，刘备固辞。如此反复三次，最终在百姓哭拜相求之下，刘备才领徐州牧。“三辞徐州”固然见得刘备德高望众而又谦逊，然而其中自有谋略。毛宗岗的评语说得十分清楚：“刘备之辞徐州，为真辞耶？为假辞耶？若以为真辞，则刘璋之益州且夺之，而陶谦之徐州反让之。或曰：辞之愈力则受之愈稳。大英雄人，往往有此算计，人自不知耳。”这样看来，不仅曹操是有大谋略的人，刘备亦然。

曹操生前没有称帝，而他的儿子曹丕建立了曹魏帝国。之后，刘备在成都建立了蜀汉政权。这两件事，《三国演义》第八十回回目的褒贬意味十分明显，“曹丕废帝篡炎刘　汉王正位续大统”。为什么曹丕称帝便叫“篡”，刘备称帝却是“续大统”？这一方面是因为汉中王姓刘，另一方面，是刘备的时机选得好。当初称汉中王，是在曹操称魏王之后；现在称帝，也是在曹丕称帝之后。刘备其实早就想做皇帝，他的两个儿子，一名封，一名禅，“封禅”即天子祭天地之礼。可见刘备早有此心。但在称王称帝的事情上不为天下先，这是占据道德制高点的关键一招。

称王称帝而又要不被人骂，实在是一门高妙的艺术。毛宗岗曾经揭示过其中的技巧：真能做皇帝的往往不在先而在后。要做正统之帝，必须等海内削平、四方宾服，又必须有群臣劝进，诸侯推戴，然后一而再、再而三地推让，实在推辞不得，才能祀南郊、改正朔。帝位接受得越迟，也就越稳固。即使是做闰统偏安之帝，也必须等小邦都已兼并，大国仅存一二，外面没有战事，内部人民乐附，然后再由侯而王，由王而帝，一步步地上升，才能够确立稳固的帝业。

像袁术那样，一下子从一介太守而蹿到至尊之位，是注定要迅速灭亡的。

看来刘备很懂这门艺术。《三国演义》写昭烈皇帝即位前的“礼让”，那些文字花团锦簇，足以显出刘备的政治技巧：

孔明与许靖，引大小官僚上表，请汉中王即皇帝位。汉中王览表，大惊曰：“卿等欲陷孤为不忠不义之人耶？”孔明奏曰：“非也。曹丕篡汉自立，王上乃汉室苗裔，理合继统以延汉祀。”汉中王勃然变色曰：“孤岂效逆贼所为！”拂袖而起，入于后宫。众官皆散。三日后，孔明又引众官入朝，请汉中王出。众皆拜伏于前。许靖奏曰：“……若不从臣等所议，是失民望矣。”汉中王曰：“孤虽是景帝之孙，并未有德泽以布于民；今一旦自立为帝，与篡窃何异！”孔明苦劝数次，汉中王坚执不从。

（孔明装病，说出一番“忧愁心事”）汉中王曰：“吾非推阻，恐天下人议论耳……”

（文武众官拜伏于地，请主上择日行大礼）汉中王惊曰：“陷孤于不义，皆卿等也！”

（登基仪式上，谯周读罢祭文）孔明率众官恭上玉玺。汉中王受了，捧于坛上，再三推辞曰：“备无才德，请择有才德者受之。”……文武各官，皆呼“万岁”。拜舞礼毕，改元章武元年。

一篇官样文章，做得何等花团锦簇！《三国演义》尊刘而抑曹，写曹操的忠君举动，往往揭示其背后的权谋；写刘备的权谋，却希望读者相信他真有道德。一扬一抑，倒也好看煞人。

在《三国演义》中，曹操被视为“心口如一的小人”。有趣的是，这个“心口如一的小人”，他给刘备的评价是“外君子而内小人”。鲁迅《中国小说史略》曾说《三国演义》“欲显刘备之长厚而似伪”，倒是和曹操的意思有几分相近。

六 君子之仕行其义也

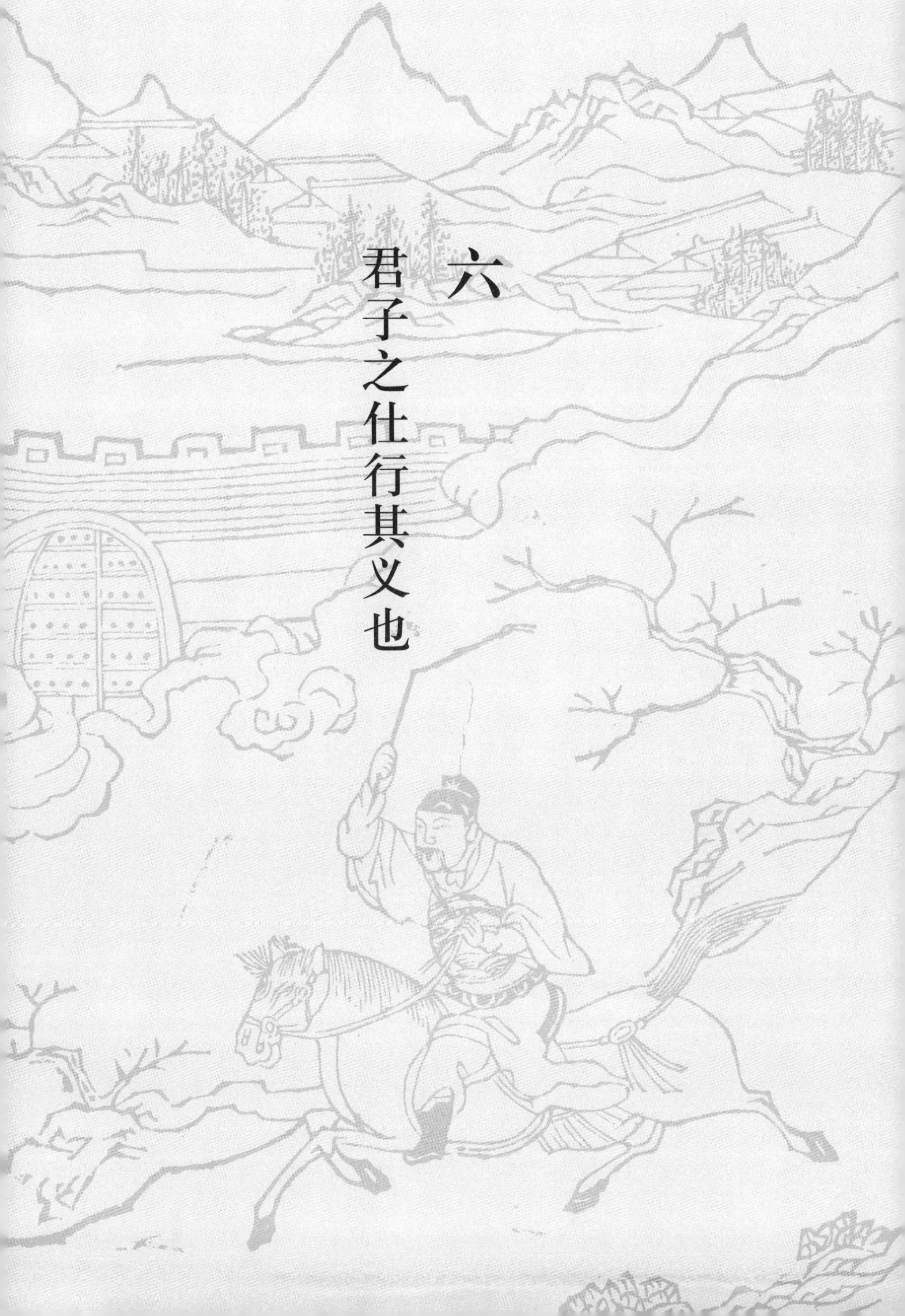

凤翱翔于千仞兮
非梧不栖
士伏处于一方兮
非主不依

西汉司马迁《史记·伯夷列传》在记叙了以身殉志的伯夷受挫遭难的事迹后，感叹道：

> 或曰：“天道无亲，常与善人。”余甚惑焉，所谓天道，是邪非邪？

北宋程颐、程颢《二程遗书》中有杨遵道笔录的关于程颐的一段话：

> 先生每读史到一半，便掩卷思量，料其成败，然后却看。有不合处，又更精思。其间多有幸而成，不幸而败。今人只见成者便以为是，败者便以为非。不知成者煞有不是，败者煞有是底。

无论是司马迁，还是程颐，他们所关注的，都是这样一种社会生活情形：一个代表了正义事业的人可能并没有美满的结局。这种现象，孔子称之为“天命”。但孔子虽然承认天命，却并不认为应该顺从天命。在孔子看来，人的伟大不在于能够支配天命，而在于他可以为了信念而矢志不渝地与天命抗争，这就是所谓“知其不可而为之”，这就是所谓的“尽人事而听天命”。

《三国演义》在诸葛亮出山之初就一再表明天命的不可逆转。刘备一顾草庐，遇到诸葛亮的朋友崔州平，两人有过一段对话，不宜草草看过。刘备说：“方今天下大乱，四方云扰，欲见孔明，求安邦定国之策耳。”崔州平笑道：“公以定乱为主，虽是仁心，但自古以来，治乱无常。自高祖斩蛇起义，诛无道秦，是由乱而入治也；至哀、平之世两百年，太平日久，王莽篡逆，又由治而入乱；光武中兴，重整基业，复由乱而入治；至今两百年，民安已久，故干戈又复四起：此正由治入乱之时，未可猝定也。将军欲使孔明斡旋天地，补缀乾坤，恐不易为，徒费心力耳。岂不闻‘顺天者逸，逆天者劳’，数之所在，理不得而夺之；命之所在，人不得而强之乎？”

崔州平的话，概括起来，无非是说：“天下大势，分久必合，合久必分。”“纷纷世事无穷尽，天数茫茫不可逃。”《三国演义》第一百零二回还用种种“征兆”来表明“天数”的不可挽回。诸葛亮养兵三年，准备第六次北伐。太史谯周向后主奏道：“臣今职掌司天台，但有祸福，不可不奏。近群鸟数万，自南飞来，投于汉水而死，此不祥之兆；臣又观天象，见奎星躔于太白之分，盛气在北，不利伐魏；又成都人民，皆闻柏树夜哭：有此数般灾异，丞相只宜谨守，不可妄动。”而诸葛亮的回答是：“吾受先帝托孤之重，当竭力讨贼，岂可以虚妄之灾氛，而废国家大事耶！”置天象于不顾，偏要与天命抗争，这正是诸葛亮的卓越之处。

诸葛亮的这种精神，用《论语》的话说，就是：“君子之仕也，行其义也。道之不行，已知之矣。”或如毛宗岗在《三国志演义》第三十七回总评中所说：“顺天者逸，逆天者劳。无论徐庶有始无终，不如不出；即如孔明尽瘁而死，毕竟魏未灭、吴未吞，济得甚事！然使春秋贤者尽学长沮、桀溺、接舆、丈人，而无知其不可而为之仲尼，则谁著尊周之义于万世？使三国名流，尽学水镜、州平、广元、公威，而无志决身歼、不计利钝之孔明，则谁传扶汉之心于千古？玄德之言曰：‘何敢委之数与命！’孔明其同此心欤？”就人可以自觉地与天命抗争，为了正义事业而不计成败利钝而言，虽然失败，也是伟大的。

刘备去世后，蜀汉的事业无可挽回地走上了衰败之路。当年诸葛亮对策隆中，志在以荆州和益州为根据地，北上与曹操争锋，而荆州却已被东吴夺去；蜀汉与东吴，任何单独的一方都不足以与曹魏抗衡，所以必须结成联盟，才能维持三国鼎立的态势，而蜀、吴联盟也已破裂；蜀汉因僻处于一隅，人才本来就少，而关羽、张飞等老一辈已凋谢殆尽。在这种背景下，蜀汉士气低落，人心涣散，只有不断向曹魏展开攻势，才能维系人心士气，不致彻底瓦解；而这种攻势，事实上改变不了战略上的被动局面，不过是以局部的小胜延缓衰败的速度。然而，尽管时运不济，诸葛亮依然百折不挠地支撑着蜀汉。

大举北伐之前，诸葛亮给后主刘禅上了一道《出师表》，我们一般称为《前出师表》。《三国志通俗演义》收有一篇《仇国论》，可与《出师表》对看。《仇国论》是蜀汉中散大夫谯周写给准备伐魏的姜维的。他劝告姜维应该审时度势，不宜轻举妄动。从最终的结果看，谯周的告诫不无先见之明。但正如毛宗岗所说：谯周《仇国论》，不过以成败利钝为言罢了。他不作于武侯伐魏之时，而作于姜维伐魏之时，是因为武侯“非所逆睹”一语，已足以破之。假如人人都明哲保身，谁来竭尽愚忠？假如人人都尽知天数，谁来尽力人事？故后世有报国之志的人，愿读《出师表》，而不愿读《仇国论》。南宋陆游《书愤》诗写得好：“出师一表真名世，千载谁堪伯仲间。”

《三国演义》第九十七回“讨魏国武侯再上表”收录了诸葛亮的《后出师表》。据《三国志·蜀书·诸葛亮传》裴松之注，“此表亮集所无，出张俨《默记》”。或疑为伪作。但那“鞠躬尽瘁，死而后已”的精神，确与诸葛亮人品相符。

为了蜀汉事业，诸葛亮南征北战，不是运筹帷幄，就是临阵督战，甚至“亲校簿书，自理细事，食少事烦，汗流终日”。部下关切他的健康，劝他不要过度劳累，他感慨地说：“吾非不知，但受先帝托孤之重，惟恐他人不似吾尽心也。”司马懿得悉这种情形，对诸将说：“孔明食少事烦，其能久乎？”果然，诸葛亮积劳成疾，病逝在伐魏前线的五丈原。《三国演义》第一百零四回“陨大星汉丞相归天”以遒劲的笔力写了诸葛亮临终时的情形：

> 孔明强支病体，令左右扶上小车，出寨遍观各营；自觉秋风吹面，彻骨生寒，乃长叹曰：“再不能临阵讨贼矣！悠悠苍天，曷此其极！”

这是一个伟大的终结。诸葛亮的智慧，诸葛亮的名士风度，因为与其“知其不可而为之”的伟大人格结合，才具有千古之下犹令人敬慕的魅力。人格，是诸葛亮生命的基石。

唐人杜甫《蜀相》诗云：

> 丞相祠堂何处寻，锦官城外柏森森。
> 映阶碧草自春色，隔叶黄鹂空好音。
> 三顾频烦天下计，两朝开济老臣心。
> 出师未捷身先死，长使英雄泪满襟。

清人纪昀《阅微草堂笔记》卷一云：

> 一身之穷达当安命，不安命则奔竞排轧，无所不至。不知李林甫、秦桧，即不倾陷善类，亦作宰相，徒自增罪案耳。至国计民生之利害，则不可言命。天地之生才，朝廷之设官，所以补救气数也。身握事权，束手而委命，天地何必生此才，朝廷何必设此官乎？晨门曰：“是知其不可而为之。”诸葛武侯曰：“鞠躬尽瘁，死而后已。成败利钝，非所逆睹。”此圣贤立命之学。

杜甫、纪昀所推崇的诸葛亮，是一个把握住了“圣贤立命之学”的先哲。“鞠躬尽瘁，死而后已”，正是这种知其不可而为之的儒家精神，这种不计成败利钝、矢志不渝地为正义事业奋斗的伟大人格，感动了和正在感动着一代又一代的人们。清人徐鼒《小腆纪年》记载过这么一件事：李定国起先与孙可望同为叛贼，有蜀人金公趾在李定国军中，多次讲述《三国演义》，斥孙可望为曹操，而期许李定国做诸葛亮那样的人。李定国大为感动，说：“诸葛我不敢期望，但关羽、张飞、姜维，还是可以自勉的。”遂与孙可望分道扬镳。后来努力报国，殉身缅甸，为有明三百年来忠臣义士之殿。徐鼒因此感慨道：如果不是金公趾以诸葛亮等人的精神来感动他，他又怎么会有如此境界呢？

七
杨修之死

开谈惊四座
捷对冠群英
身死因才误
非关欲退兵

曹操为什么会杀杨修？有人说因为曹操嫉妒杨修之才。理由是《三国演义》中提到这样几件事：

曹操曾建花园一所，竣工后前去视察。他不置褒贬，只在门上写了一个“活”字便走。他人都不解其意，杨修说：“门”内一个“活”，是“阔”字，丞相嫌门修得太阔了。于是手下人将门重新改造后请曹操来验收。曹操见了，问是谁明白了他的意思。左右告诉他是杨修。曹操表面上大加称赞，心里却很嫉恨。

一次，塞北进贡了一盒酥，曹操在盒子上题了“一合酥”三字，放在案头。杨修见了，竟然与大伙儿一起分而食之。曹操问他，杨修说：盒子上明明写着“一人一口酥”啊，我们怎敢违背丞相的旨意呢？曹操虽然笑了，但心里很讨厌他。

一天午睡，曹操的被子掉在地上，一侍卫连忙帮他盖好。曹操跳起来拔剑便将侍卫杀了，然后上床继续睡觉。起床后装作吃惊的样子问：是谁杀了我的侍卫？众人告诉他实情。曹操痛哭，下令厚葬侍卫。众人都以为曹操真的有梦中杀人的习惯，只有杨修清楚曹操的真实意图。临葬时，杨修指着侍卫叹道：在梦中的不是丞相，而是你啊！曹操知道了这事，更恨杨修。

终于有一天，曹操抓住了杨修的把柄。当时曹操与蜀军相持日久，欲要进兵，又被马超拒守；欲收兵而回，又恐被蜀兵耻笑：心中犹豫不决，正好庖官进鸡汤，曹操见碗中有鸡肋，因而有感于怀。正沉吟间，夏侯惇入帐请示夜间口号，曹操随口说："鸡肋！鸡肋！"于是大家都知道了夜间口号是"鸡肋"。杨修见传"鸡肋"二字，便教随行军士，收拾行装，准备归程。夏侯惇闻知大惊，请杨修至营中问他原因，杨修说：凭今夜号令，知魏王不日就将退兵。因为鸡肋的意思是食之无味，弃之可惜。现在进不能胜，退恐人笑，在此无益，不如早归。来日魏王一定会班师，所以我先收拾行装，免得临行慌乱。夏侯惇听了，叹道："公真魏王肺腑也！"于是也收拾行装，寨中诸将，无不准备归计。当天夜里，曹操心乱，睡不着觉，便出来走走。只见夏侯惇寨内军士都在收拾行装，大惊，匆忙回帐召夏侯惇责问。夏侯惇说是杨修先知大王欲归之意。曹操召来杨修，杨修以鸡肋之意相告。曹操大怒"汝怎敢造言，乱我军心！"便将杨修杀了。《三国演义》引诗叹道：

聪明杨德祖，世代继簪缨。
笔下龙蛇走，胸中锦绣成。
开谈惊四座，捷对冠群英。
身死因才误，非关欲退兵。

这首诗把杨修被杀的原因归结为曹操嫉恨杨修之才。

毛宗岗不同意这一看法，他提出：士之才有两种，一为谋士之才，一为文士之才。像郭嘉、程昱、荀彧、荀攸、贾诩、刘晔等属于以谋士之才而为曹操所用的；像杨修、陈琳、王粲、阮瑀等则属于以文士之才而为曹操所用的。文士之才一般不像谋士之才那样容易遭到嫉恨。曹操杀荀彧，那是因为他反对曹操加封魏公，其他谋士都未曾遭到嫉恨。对谋士之才尚且如此，怎么会去嫉恨文士之才呢？即使像陈琳这样痛骂曹操的，曹操都未怪罪。所以关键在于：才不为我用则忌，才为我用则不忌。假如杨修不结党曹植以欺曹操，那么曹操就不会发怒，杨修就不会死了。

毛宗岗把杨修结党曹植作为被杀的主要原因，与《三国演义》中提到的下面几件事有关：

杨修与曹植关系很好。曹操准备立曹植为世子，曹丕知道了，密请朝歌长吴质入内府商议。怕被别人看见，就用大簏把吴质藏在里面载入府中，对外只说是绢匹。杨修得知此事，便向曹操报告。于是曹操派人在曹丕府前侦查。曹丕慌忙告诉吴质，吴质说：不要紧，明天就用大簏装绢匹迷惑他们。第二天，侦查的人检查簏中，果然是绢匹，回报曹操。曹操怀疑杨修想害曹丕，更加讨厌他了。

曹操想试两个儿子的才干。一天，命他们两个出城门，却暗中吩咐门吏不放他们出去。曹丕先来，见门吏阻拦，就回去了。曹植到门口，门吏阻拦，他大声呵斥道：我是奉王命出行，谁敢阻拦！把门吏杀了。于是曹操觉得曹植更有能耐。后来有人告诉他说这都是杨修教的，曹操大怒，也因此不喜欢曹植。

杨修曾为曹植草拟答教十余条，以应付曹槺的考问。因为事先做了准备，所以，每次曹操问军国之事，曹植都能对答如流。曹操很怀疑。后来曹丕买通了曹植的左右，把答教偷来告诉曹操。曹操听了大怒：“小子竟敢欺我！”这时已有了杀杨修之心。后来终于找了个机会把杨修杀了。

毛宗岗的论点是：人才不为己用则曹操忌之、杀之。那么，他为什么没有杀掉不为他用的刘备、关羽？至于说曹操因杨修的聪明胜过他而被杀，那他为什么没有杀掉郭嘉？其实，杨修被杀，更重要的原因在于，此时的曹操已不是招揽人才、初起事时的曹操，而是大功告成，人才的作用已相对不重要时的曹操。这时的曹操露出了专横跋扈而且多疑的真面目。清代赵翼《廿二史札记》卷七《三国之主用人各不同》说得很中肯：当曹操削平群雄、势位已定之后，孔融、荀攸、娄圭等都遭嫌忌而被杀；荀彧事操已久，也因阻止曹操加封九锡而赐死。甚至像杨修这样素为曹操所赏识者，也因与陈思王曹植交厚而被杀，像崔琰这样素为曹操所倚信者，也因曹操的多疑而被杀。可见曹操的猜忌之性，久而自露。而以前的爱才、用才，实出于矫伪，以济一时之用，只是权术而已。

八 精彩片段点评

苍天如圆盖
陆地似棋局
世人黑白分
往来争荣辱

第二十八回　“斩蔡阳兄弟释疑　会古城主臣聚义”：

曾有一种意见认为，曹操的形象是在戏曲舞台上被丑化的，《三国演义》中的曹操仍是“可儿”，这意见的合理性不必怀疑。譬如《三国志平话》和元杂剧《关云长千里独行》，极力渲染的是曹操“奸”的一面。关羽要离开曹营，曹操假意放行，却想在途中加以谋害。灞陵桥边，曹操以赠锦袍为由引诱关羽下马饮毒酒。因对方谦让，只好自饮，接着又吃了早准备好的解药。经过这样的处理，以英雄自许的曹丞相简直不如中才的凡夫俗子。在《三国演义》中他的形象便大为改观。“奸”与“王霸之度”联系在一起，决非宵小的“奸”。小说多侧面地反复展示他阔大的气量。关羽要走，曹操部下要杀关羽，曹操不听，反而亲自为他送行，并赠锦袍留念。随后又一连三次遣人到关隘传送公文放行。虽知关羽已连斩数将，仍不加害于他，最后还特派张辽去劝阻要杀关羽的夏侯惇。这是何等的气度！

第三十三回　“曹丕乘乱纳甄氏　郭嘉遗计定辽东”：

历史上一些卓越人物的举动，往往很难为普通人所理解。比如曹操，在打败袁绍之后，曹操曾亲自到他的坟上祭奠，伤心落泪。

许多人以为，这是“匿怨矫情”，是作假。但宋代史学家刘敞不这么看。他在《题魏太祖纪》一文中指出：董卓之乱时，袁、曹一度结盟，“其艰难周旋，祸福同之”，难道是假的吗？“及权就势成，人怀图王之意，还自相攻耳，非有宿怨积仇，必达大义者也。既摧破其国，非其初约，虽功业归已，而英心感动，自然陨涕，此乃所谓慷慨英雄之风也，岂介介然幸已成而乐人祸哉？且夫为天下除残，则推之公义，感时抚往，则均之私爱，此明取天下非已义，破敌国非已怨也，其高怀卓荦，有以效其为人，固非龌龊者之所能察也。”文章最后，刘敞情不自禁地感叹道：像曹操这样的英杰之人，尚且不易测度其心思，何况那些圣人呢！不错，人与人之间的距离，有时候甚于天壤之别。

第三十九回　“荆州城公子三求计　博望坡军师初用兵”：

诸葛亮与刘备的关系确乎不同寻常。刘备为了争夺天下，奔走二十余年，但“失势众寡”，屡遭失败，最后不得不投靠荆州的刘表，寄人篱下，住在小县新野。此时的刘备，没有放弃自己的理想，他四处打听，寻找出类拔萃的谋士帮助自己。经过司马徽和徐庶的推荐，这一年，刘备亲至隆中求见诸葛亮，“凡三往，乃见”。当时，刘备属下除关羽、张飞等几员武将外，重量级的谋士一个也没有；不久，来了一个庞统，却又不幸在攻打雒城时中流矢而死。因此，诸葛亮在刘备集团中就格外重要，刘备的创业史也就是诸葛亮的创业史，他们的关系，用鱼水来形容并不过分。

第五十一回　“曹仁大战东吴兵　孔明一气周公瑾”：

刘备抢先占取了荆州。荆州因其地理位置独特，对曹、孙、刘三方来说都有十分重要的意义：它是曹操跨越长江的门槛，是孙权统一南方的跳板，也是刘备夺取西川、挺进中原的根据地。曹操败北，荆州之争也就必然成为孙、刘两家的焦点。我们不能简单地批评刘备抢先占取荆州是不顾联盟大局。正如他自己所说“我今孤穷一身，无置足之地，欲得南郡，权且容身”，如果不乘此机遇立住脚跟，何时才能有一块像模像样的安身之地就很难说了。而且，眼巴巴地看着孙权取荆州而自己忍气吞声就算是以联盟大局为重吗？更进一步说，刘备在荆州问题上的“赖账”，一拖再拖，正是以维护联盟大局为出发点的。如果不说是“借”，不承诺某个时候“还”，而是理直气壮地告诉孙权：荆州又不是你家的，凭什么一定要为你家所有？那样势必激怒孙权。一旦联盟破裂，获渔翁之利的必然是曹操。当然，刘备的这一高明手段是和诸葛亮的外交艺术密切相关的。在东吴方面，鲁肃三次索要荆州未果，表面上太老实，实际上是以大局为重。周瑜的政治气度就不如鲁肃，他设计扣留刘备，硬夺荆州，动了武力，对联盟不能不说是一种损伤。而孙权则站在两者之间，对周瑜的计谋予以配合，例如周瑜率军前往荆州，孙权便派其弟孙瑜前去相助；对鲁肃的忍让也表示默认。但后者应是孙权的主导面。周瑜死后，孙、刘关系又出现好转便是明证。可以说，在赤壁之战后的荆州问题上，刘备是灵活的，孙权是大度的，都不失为有远见的政治家。

第六十回 “张永年反难杨修 庞士元议取西蜀”：

刘备进军西川，遇到了“道德”的困扰。益州牧刘璋待刘备不薄，又系同宗，图谋西川似有不义之嫌。这时，幸好有法正和庞统替刘备从理论的高度阐发了西进的必要性和正义性。第一条理论是“逐兔先得”。古代有句俗话，叫作“万人逐兔，一人获之，贪者悉止，分定故也”。意思是谁先得到了兔子，兔子就归谁，别人不能再争。刘璋治理益州，软弱无能，早晚要被他人侵吞，他就等于是一只待捕的兔子。第二条理论是“兼弱攻昧”“逆取顺守”。意思是对力量薄弱的要吞并，对政治昏昧的要打击。打天下靠武力，守天下靠治理，历史上的商汤、周武王都是这么做的。有了这两条理论，有了前贤为榜样，刘备入川也就感到理直气壮了。他把这些话称作“金石之言”，意味深长。

第六十二回 “取涪关杨高授首 攻雒城黄魏争功”：

刘备的枭雄面目在本回中显露出来。他之所以迟迟未向刘璋下手，是为了笼络人心，一旦时机成熟，便扯下了温情脉脉的面纱。庞统建议刘备向刘璋借兵借粮，摆明了不安好心，刘备这回二话没说便依计行事。刘璋兵粮给的少了一些，刘备“扯毁回书，大骂而起”，并借此机会向刘璋发难。

毛宗岗用“深心人”一词评价刘备，很是恰当。“深心人”心里有想法，但不明说，常常借别人的口说出；“深心人”心里可能看不起别人，但在人前总是谦卑有加；“深心人”有远大抱负，但绝不让别人看出来……不过，一旦真的喝醉了酒，“深心人”能否还“深心”，就不敢保证了。

第六十三回　“诸葛亮痛哭庞统　张翼德义释严颜”：

“北拒曹操，东和孙权”，这是刘备创建帝业的战略方针，但关羽对此认识不够。孔明虽然把这八个字给了关羽，但可以想见，他仍然放心不下。事实也证明关羽在这个大问题上常常头脑发热。当诸葛瑾为两家和好之计替孙权之子向关羽之女求婚时，关羽竟勃然大怒：“吾虎女安肯嫁犬子乎？”从而激怒了东吴。虽然吴、蜀关系的恶化乃至后来东吴袭取荆州，不能归咎于关羽一人，但关羽不善于处理和东吴的关系，却是毋庸置疑的。

在保持吴蜀和好的前提下，长期“借”荆州不还，对刘备来说是上上策。这有可能吗？如果庞统不死，还是可能的。那样，让庞统收川，而孔明坐镇荆州；或者，孔明收川，而庞统守荆州，其结果都有可能比关羽守荆州要好。所以毛宗岗说荆州之失，以及关羽之亡，不关乎吕蒙之多智，陆逊之能谋，而是源于庞统之死；孔明之哭庞统，即为关公哭，为荆州哭。这话是有道理的。然而，庞统死去已成事实；以对刘备的情义而言，荆州又非关羽不能守；以关羽的性格而言，关羽又不宜守荆州。想必孔明清楚这一点，但关羽守荆州系刘备所托，他又怎好自作主张？

荆州治所原在汉寿（今湖南汉寿县北）；刘表任荆州刺史时，移治襄阳（今湖北襄樊），刘备领荆州牧，驻公安（今湖北公安西北），“借荆州”后，移治江陵。关羽镇守荆州，仍驻江陵。

第七十八回 “治风疾神医身死 传遗命奸雄数终”：

人总是要死的。一个能够超越芸芸众生的伟人，却超越不了死亡；一个足以傲视他的时代的人，最终也要被时间的河流所淹没。在弥留之际，有人一如既往地关心着他的国家和人民，他要把生命的最后一丝温暖奉献给他爱的世界，比如诸葛亮，把关系到蜀汉存亡的所有大事都安排完毕之后，才溘然长逝；也有人无助地、徒然地眷恋着生活，眷恋着种种温情，牵挂着那些他不能决然舍弃的人，曹操即如此。

西晋陆机担任尚书郎时，曾在秘阁（即国家收藏书籍、档案之处）看到过曹操的遗嘱。这位顶天立地的乱世英雄，临终前所关心的却只是一些日常小事：一是将其妾杜夫人所生的一对年幼的儿女托付给四个儿子；二是将平日收藏的名香，分赐给诸位侍妾，叮嘱说：闲着时，可多做丝鞋，卖钱自给；三是将那些歌舞演员安置在铜爵台（即铜雀台）上，每月初一、十五对着灵堂表演歌舞，供死者观赏；四是曹操留下的衣裳，另外收藏。凡此种种，至为琐细，和普通人相比，没有什么不同。这在陆机看来，一方面是可悲的，另一方面也是可笑的：“资高明之质，而不免卑浊之累；居常安之势，而终婴倾离之患”；“以回天倒日之力，而不能振形骸之内；济世夷难之智，而受困魏阙之下”；“格乎上下者，藏于区区之木；光于四表者，翳乎蕞尔之土。雄心摧于弱情，壮图终于哀志，长算屈于短日，远迹顿于促路”（陆机《吊魏武帝文》）。一唱三叹中，不乏讥讽之意。

关于曹操的临终遗嘱，读者见仁见智，不能强求一律。毛宗岗批注《三国演义》，第七十八回回前总评也有一通洋洋洒洒的议论，足资参考。谨附录于此：“或见曹操分香卖履之命，以为平生奸伪，死见真性。不知此非曹操之真，仍是曹操之伪也。非至死而见真，乃至死而犹伪也。临终遗命，有大于禅代者乎？乃家人婢妾，无不处置详尽，而独无一语及禅代之事，是欲使天下后世信其无篡国之心，于是子孙蒙其恶名，而己则避之，即自比周文之意耳。其意欲欺尽天下后世之人，而天下后世之无识者，乃遂为其所欺。操真奸雄之尤哉！”

第九十五回　“马谡拒谏失街亭　武侯弹琴退仲达”：

当时诸葛亮身边尚有赵云、魏延等富有实战经验的将领。诸葛亮不用他们把守街亭，而用马谡，自有他的考虑。

刘备去世后，后主刘禅昏聩无能，跟着先主南征北战的那一批人物死的死，老的老，蜀国的江山需要一批有作为的新人来辅佐。诸葛亮此时不得不留意接班人的问题。这个时期的优秀将领中，赵云属于老一辈的；魏延则被认为有“反相”，丞相用他时总要留一手；新归蜀的姜维还处于考察阶段，被特别重用是后来的事。诸葛亮此时似乎有意扶植马谡。凭才识，马谡有眼光，有头脑；凭私交，他与丞相比较合得来——诸葛亮与他“义同兄弟”；尽管马谡作战经验不足，但有谁天生就会打仗？人的才能是在实践中锻炼出来的。诸葛亮有意让马谡锻炼一番，正好这时他主动请战，并表示愿立军令状，诸葛亮便把守街亭的重任交给了他。同时为了保险起见，派王平做助手，并特意叮嘱：“吾素知汝平生谨慎，故特以此重任相托。汝可小心谨守此地：下寨必当要道之处，使贼兵急切不能偷过。安营既毕，便画四至八道地理形状图本来看。凡事商议停当而行，不可轻易。如所守无危，则是取长安第一功也。戒之！戒之！”二人引兵去后，诸葛亮恐二人有失，又派高翔、魏延为后援，安排得相当周到。如果守街亭成功，不但能鼓舞士气，蜀汉亦可谓后继有人。诸葛亮的这一着棋虽然很险，却有着长远的考虑。

这一着险棋不幸失败了。马谡把兵法当教条，在山上屯兵，说什么“凭高视下，势如破竹”，谈什么“置之死地而后生”，对王平“屯兵五路总口”的正确意见拒不采纳，还笑他是“女子之见”，夸口说：“吾素读兵书，丞相诸事尚问于我，汝奈何相阻耶！”结果，被深明韬略的司马懿打得一败涂地。

“失街亭”史有其事，但魏军的主帅是张郃而不是司马懿。

中篇

民间的三国

《三国演义》对刘备集团的描写，大量采用来自民间艺术的虚构情节，一方面并不改变基本的历史事实，另一方面又成功表达了作者的感情倾向。

这里可以拿赤壁之战为例。

赤壁破曹，究竟是刘备、诸葛亮功大，还是孙权、周瑜功大？这一历史公案虽有争议，但无可否认，从唐代起，在士大夫的诗文中，被视为曹操的正面敌手的，是东吴，不是刘备。例如盛唐李白的《赤壁送别歌》："二龙争战决雌雄，赤壁楼船扫地空。烈火张天照云海，周瑜于此破曹公。"北宋苏轼的《念奴娇·赤壁怀古》："故垒西边，人道是、三国周郎赤壁。"南宋戴复古的《赤壁》："千载周公瑾，如其在目前。英风挥羽扇，烈火破楼船。"这说明，周瑜作为赤壁之战的主角，早已得到公认。《三国演义》写赤壁之战，也未抹杀周瑜作为前线总指挥的基本事实，但作者却用一系列并不影响历史进程的虚构情节，如舌战群儒、蒋干中计、草船借箭、祭东风、义释曹操，成功地突出了刘备集团尤其是诸葛亮的重要性，并通过对周瑜的漫画式嘲笑消解了这一人物的风采和读者对他的好感。其中对周瑜杀伤力尤为明显的当属草船借箭和祭东风。

据《三国志》注引《魏略》，建安十八年，孙权与曹操相拒于濡须。孙权乘大船视察时，曹操下令放箭。由于船的一面中箭太多，开始倾斜。孙权下令掉过头来，让另一面也受箭，这样船就平稳了。《三国演义》把这件事改造了一番，不仅写出了周瑜的心胸狭窄，而且极力渲染鲁肃的忠厚老实，以衬托诸葛亮的神机妙算和不把周瑜放在眼中的气度。

据《三国志》注引《江表传》，东吴火攻曹操时，确实是“东南风急”，这本属自然现象，与诸葛亮毫无关系。《三国演义》强调“万事俱备，只欠东风”，而且这东风只有诸葛亮才能祭来，一方面在诸葛亮的功劳簿上加了厚重的一笔，另一方面也在读者心中造成了诸葛亮远胜于周瑜的强烈印象。

可以看出，整个赤壁之战中的著名情节几乎都以虚构为主，突出的重心是诸葛亮和关羽，而历史上被大多数人认为起实质性作用的人物如周瑜、鲁肃，却在喜剧气氛中成为被嘲弄或被调侃的对象。

在民间的三国中，最被看好的几个人物，分别是关羽、诸葛亮，下面就来讲讲与他们有关的一些有趣现象，顺便也谈谈“柴堆三国”。

一 关羽为什么成了财神

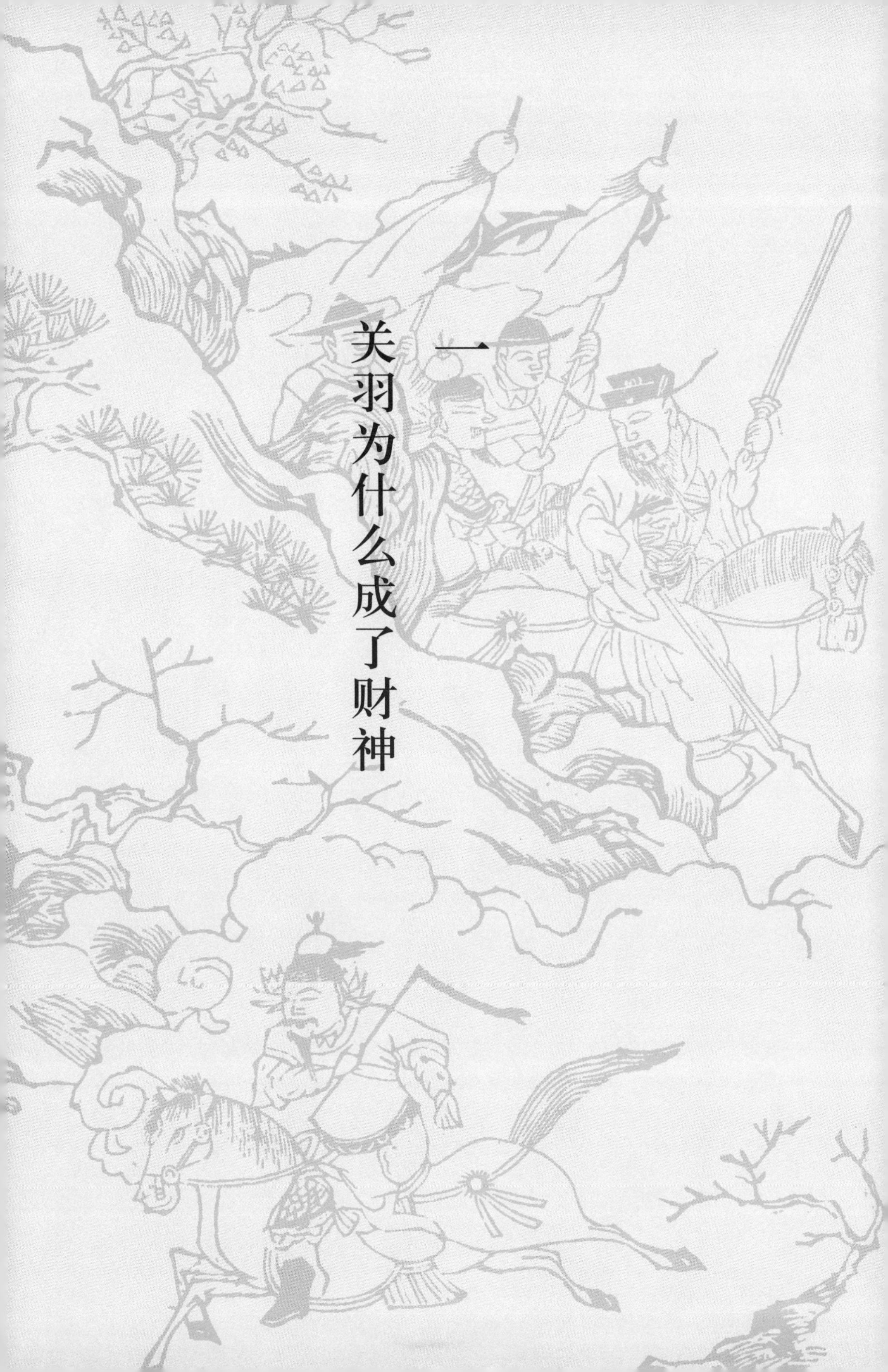

气挟风雷无匹敌
志垂日月有光芒

在讲关羽之前，先说一下三国时期三种类型的君臣关系或上下级关系以及每一种类型的代表性人物。

第一种类型，对君主或上司缺少基本的忠诚，其代表人物是吕布。吕布这个人，先后跟随过两个人，第一个是丁原，第二个是董卓。丁原和董卓都曾非常信任他。不过后来，吕布对这两个人都下了毒手。第一次，是他听信董卓的挑拨，把丁原给害死了；第二次，他又听信王允的怂恿，对董卓下了重手。对所有他追随过的人，吕布都没有忠诚可言。这种人一旦被看清真相，理所当然遭到众人的厌恶，最后的结局也一定不妙。吕布的结局是这样的：他在白门楼做了曹操的俘虏，很想活下去。当时的情形是，一边是被五花大绑的吕布，一边是曹操、刘备等人。刘备这个人，曾经求吕布帮过忙。有一个掌故，叫“辕门射戟”，说的就是吕布帮刘备的忙，解除了刘备的困境。现在吕布成了俘虏，他也希望刘备能帮自己，礼尚往来嘛。吕布请刘备给曹操打个招呼，让曹操放他一马。曹操于是问刘备，你看怎么办？刘备在旁冷冷地说了一句：你不记得丁原和董卓的事了？言下之意是，吕布跟着丁原干，害了丁原；跟着董卓干，害了董卓；如果跟着你曹操干，肯定也会害你曹操。听了刘备的话，曹操当即下令，把吕布处决了。“太祖有疑色。刘备进曰：‘明公不见布之事丁建阳及董太师乎！’太祖颔之……于是缢杀布。”（《三国志·魏书七·吕布传》）这是第一种类型。

第二种类型，虽然跳槽，但绝不坑害自己曾经追随过的人，其代表人物是徐庶。徐庶最初是跟着刘备干的，后来去了曹操那里。那是赤壁之战的初期，曹操带着轻骑追赶刘备。刘备领着十几万人朝江陵逃奔，其中就包括徐庶的母亲。眼看就要被曹操追上了，刘备只得轻骑减从，领着关羽、张飞、赵云等一众精锐先走，他带的人马，其中一些人走散了，另外一些被曹操给截住了。徐庶知道自己的母亲做了曹操的俘虏，就去向刘备求情，让刘备放他去曹操那里。徐庶说，我徐庶跟着你干，靠的是方寸能想点子。（古代人认为想问题不是脑袋的事，而是方寸的事，方寸就是心。）现在母亲落到曹操手里了，我方寸已乱，没法出谋献策，跟在你身边也没有多大价值了，放我到曹操那里去吧。这里需要注意，徐庶要去曹操那里，他说的这个理由其实是不充分的。在争夺天下的时代，一个人的母亲或妻子落在敌人手里，并不能构成跟着敌人干的理由。有一个掌故，叫“分一杯羹”，是说刘邦的父亲曾经落到项羽手上，项羽以此要挟刘邦归顺自己，就架了一口大锅，对刘邦说，你干不干？你不干，我就让你父亲成为锅里面的一道菜。刘邦听了，一点儿也不慌张，反倒嬉皮笑脸地说：当年我跟你是结拜过兄弟的，我的老子就是你的老子，我的父亲就是你的父亲。要是你愿意把你父亲做成一锅汤，很好！做好了之后，也分我一杯。结果弄得这个项羽一点脾气都没有了。由此可以知道，在战争年代，母亲落在敌人手上，并不能成为跟着敌人干的充足理由。真实的情形是，徐庶对于刘备信心不足，他想到曹操那里去发展事业。刘备答应了徐庶的请求。而徐庶虽然离开了刘备，终结了两人之间的君臣关系，但他坚守住了一条底线，就是绝不做坑害刘备的事。当时人对于徐庶的跳槽，也没有说三道四的。良禽可以择木而栖，良臣可以择主而事，只要跳槽以后不坑害自己追随过的人，跳槽就不会受到社会舆论的批评。跟徐庶的情形有点相似的，还可以举一个例子，那个人叫袁涣。当初是刘备推荐他做了官，后来袁涣落到了吕布手上。吕布吩咐袁涣说，我要攻打刘备，你写篇檄文，好好痛骂这个家伙。袁涣不写。吕布说，你写不写？你不写，你看我手上拿的什么，我能把你干掉。袁涣的回答是，你拿刀逼着我，我也不写。为什么？就像我此刻跟着你干，要是有朝一日我不跟你干了，到了别人那里，回头骂你，你心里怎么想？吕布听了，有点惭愧，就不逼袁涣了。徐庶和袁涣，可以代表第二种类型。

第三种类型，是像诸葛亮这样，一辈子追随一个人，忠心耿耿，矢志不渝。诸葛亮被后世视为忠贞的典范，原因在此。

在梳理了这三种类型之后，可以看出，关羽算得一个例外，他既不同于吕布，也不同于徐庶，和诸葛亮也不完全一样。他是另外的一种类型：他跟随的第一个人是刘备，而后来曹操对他特别信任，特别器重。在刘备和曹操之间，他将作何选择？下面就来看看，历史上的关羽是如何处理和曹操、刘备的关系的？在"演义"中，关羽的"忠义"有什么新的表现？

历史上的关羽，是刘备集团最早的核心成员之一。《三国志》记叙刘备和关羽、张飞的关系，用了这样一句话，"名为君臣，实为兄弟"。也就是说，对外他们是君臣关系，但是私下跟兄弟一样亲密。三个人亲密到什么程度呢？他们经常在一张床上睡觉。不要小看了这一件事，它实际上是说，三个人经常在一起讲些只有他们三人之间才能说的事。北宋有个叫苏辙的，和他的哥哥苏轼感情极好。他们有这样一个约定，下一辈子还做兄弟，在一个房间里，放两张床，彻夜聊天。这个事例，有助于我们理解刘、关、张的关系。三个人睡在一张床上，不只是说在一起度过业余的几个小时，而是说他们之间的亲密程度超过了其他任何人，他们友谊深厚，远过于寻常交情。

后来，关羽的人生出现了一个巨大变故，他成了曹操的俘虏。像关羽这么一个伟人，也会成为别人的俘虏，有人可能难以接受。许多人认为，一个人曾经被俘，就有了永远擦不掉的污点。这个想法是过于天真和单纯了。在一个天下大乱、征战四起的年代，除诸葛亮这样极特殊的情况之外，那些有卓越成就的人，通常都有过被俘的经历。比如张辽，当初是跟吕布的，后来跟了曹操；比如张郃，当年是跟袁绍的，后来跟了曹操；比如庞德，当年是跟张鲁的，后来跟了曹操。他们都是在被俘以后跳槽的。这些都是历史上功业卓著的人物，被俘的经历并没有使他们的功业失去光彩。当然这里有一个前提，被俘以后不能苟且偷生。张辽、张郃、庞德，他们的一个共同点是，被俘以后英勇不屈，反而因此赢得了曹操的敬重。而曹操的敬重，又让他们感动不已，心甘情愿成了曹操的追随者。

曹操俘虏了关羽，对关羽非常器重，即所谓“壮关羽之为人”。这也是曹操的一贯做法，对所有被他俘虏的名将，除个别人如吕布之外，曹操都会想方设法加以笼络，对关羽尤其用心。让人感觉到备受尊重，方式有很多种，第一种是给你晋级；第二种是给你涨工资；第三种是在日常生活中给你面子。什么叫给面子，比如《三国演义》写曹操对关羽“三日一小宴，五日一大宴”，就是给面子的做法，规格越高，被招待的人面子越大。不难推想，在历史上，这三种方法曹操都用过，目的是让关羽感到他在曹操眼里是一流人物。曹操如此器重关羽，让关羽陷入了两难境地，关羽深知，曹操对他如此器重，目的就是一个，让关羽离开刘备，跟着自己干。果然，没过多长时间，曹操便托了关羽的朋友张辽去劝说关羽，说曹公极为赏识你，你就留在这里发展吧。这个时候，关羽和刘备的关系面临着一次严峻考验。从刘备和曹操在当时的分量来看，跟着曹操干，发展的空间当然更大。从私交来看，关羽之于曹操，虽然比不上对刘备的感情那么深，但两人的遇合，也自有其投缘之处。按张辽的想法，关羽留在曹操这里，不失为一个明智而可以理解的选择。但出乎张辽意料的是，关羽一口就回绝了。关羽说，我和我的兄长誓同生死，我迟早是要回到他身边去的。我也知道曹公对我好，我也会报效曹公，但是我不会一直留在这里。“羽叹曰：‘吾极知曹公待我厚，然吾受刘将军厚恩，誓以共死，不可背之。吾终不留，吾要当立效以报曹公乃去。’”（《三国志·蜀书六·关羽传》）那么，关羽是怎么报效曹公的？他在万马军中刺杀颜良，“斩其首还。绍诸将莫能当者，遂解白马围”（《三国志·蜀书六·关羽传》）。颜良是袁绍麾下的名将，万马军中刺颜良在整个三国时期都是一件值得夸耀的事。能做这样事情的，我能想得起来的是张辽。张辽曾在合肥大战逍遥津，用八百勇士把孙权的主力部队打得落花流水，甚至直逼孙权驾前，让孙权狼狈不堪。不过，张辽毕竟还是率领了八百壮士，而且这八百壮士是他精心挑选出来的。为了鼓励这八百壮士跟着他冲锋陷阵，张辽捶牛犒享，让他们找到了英雄赴死的豪迈感觉。比较起来，关羽更加令人佩服。他凭着自己的义勇之气，孤身一人，在万马军中把名将颜良给干掉了。曹操看重关羽的这份功劳，给他的奖赏是封做汉寿亭侯。有了这件功劳，关羽就赢得了主动，他对曹操的报答已经到位，离开曹操不会引起曹操的愤怒。而如果关羽愿意从此跟着曹操，他在曹营的地位也是坚如磐石。关羽的可贵之处是，他建立如此功勋，不是为了在曹操那里提高身价，他只是要告诉曹操，在我离开你的时候，你不要做对不起我的事。关羽是为回到刘备身边而刺杀了颜良。曹操也明白关羽的心思，只是还不想放弃，又接连给关羽提干、涨工资。关羽也有办法，他走的时候，用了“挂印封金”这一招。意思是说，你曹公给我的官我不要了，给我的奖金和工资也还给你。这个就是关羽不同寻常的地方。他用这个方式告诉曹操，我知道你对我好，但是我必须离开你。因为我和刘备誓同生死，那份深情厚谊是别的任何东西都取代不了的。我对你的回报，已经超过你的给予，请你不要横生枝节。

毛宗岗《读三国志法》称三国有“三绝”：诸葛亮“智绝”，关羽“义绝”，曹操“奸绝”。诸葛亮尚未出场，关羽、曹操则已给我们留下了深刻的印象。曹操“智足以揽人才而欺天下”，对“绝伦超群”的关羽却无计可施。据说，唐太宗曾这样评论曹操与刘备：

“岂非操之用兵，则胜于备，而用人则逊于备欤？”其实也不尽然，曹操手下不是也有舍命救主的典韦等人吗？曹操很注意笼络人才，因此他不肯亲手杀害祢衡，而是借刘表、黄祖之手杀之，以免背上“害贤”之名；礼遇关羽也表明了他重视人才的诚意。关羽不肯降曹，一方面是因为刘、关交情深厚，另一方面也是由于关羽特别看重义气。

这就是历史上关羽的“忠义”。他的忠，是对刘备而言的，关羽绝不会背叛这位兄长；他的“义”，是对曹操而言的，关羽绝不会亏欠他的恩德。无论是“忠”，还是“义”，历史上的关羽都是三国时期的一个典范。

“演义”的关羽如何呢？他的“忠义”与历史有什么异同？大体说来，《三国演义》仍然是从两个角度来写关羽的“忠义”，一是他如何处理和刘备的关系，如何来表现他的“忠”；二是他如何处理和曹操的关系，如何来表现他的“义”。范围大体相同，而表现方式有不少差异。

先看关羽和刘备的关系。在关羽身在曹营的日子里，《三国演义》重点写了他的“身在曹营心在汉”，其中有两个带喜剧意味的细节。一个细节是，曹操看见关羽的那领锦袍旧了，就给他做了一领新的。关羽把曹操送的那领新的穿在里边，外边罩的还是那领旧的，曹操见了，说，你也不要太节俭了，一领锦袍算什么，穿坏了，再缝一领就得了。曹操没有想到，关羽的回答是：“某非俭也。旧袍乃刘皇叔所赐，某穿之如见兄面，不敢以丞相之新赐而忘兄长之旧赐，故穿于上。”（《三国演义》第二十五回“屯土山关公约三事　救白马曹操解重围”）曹操听了，一脸愕然。这是一个喜剧性的细节。另一个喜剧性的细节是，曹操为了表示对关羽的器重，把打败吕布之后得到的那匹赤兔马送给了关羽。人们常说“人中吕布，马中赤兔”，赤兔马据说一天可以跑500多公里，是那个年代最好的战马。关羽收到赤兔马，郑重地向曹操表示感谢。曹操开玩笑说，我曾经送你几个女孩子，你没有表示感谢，还把那几个女孩子送回来了，你呀，跟圣人孔子就是不一样。马厩失了火，孔子只问有没有烧伤人，不问有没有烧伤马。圣人重人轻马，你却重马轻人。我送人给你，你不感谢；送马给你，你倒表示感谢。关羽听了，没有笑，仍是一脸认真地对曹操说：“吾知此马日行千里，今幸得之，若知兄长下落，可一日而见面矣。”（《三国演义》第二十五回“屯土山关公约三事　救白马曹操解重围”）曹操听了，又是一脸愕然。这是第二个喜剧性的细节。

《三国演义》写关羽对刘备的“忠”，尤为绚烂夺目的，是“过五关斩六将”。这些排比句式般的情节，写出了一种气象，一种风度，一种美感。在“过五关斩六将”的过程中，《三国演义》有意唤起对关羽诸多特色的注意。一是关羽的形象好，尤其是那部美髯。一个曹军将领，曾在门缝里面看到关羽绰着美髯、灯下读书的情形，情不自禁地感叹了一句：“真天人也。”（《三国演义》第二十七回“美髯公千里走单骑　汉寿侯五关斩六将”）天人是与凡人相对的，是说关羽的形象，任何常人都不能跟他相提并论。《三国演义》通常不对人物的外貌作集中描写，只有两个人，诸葛亮和关羽，“演义”做了浓墨重彩的渲染。而关羽的外貌，尤其能带给人一种神圣感。

二是关羽的气质，《三国演义》有意让读者回想起他曾经刮骨疗毒的坚毅，曾经在万马军中斩颜良的勇武。勇士与常人的差异，在冷兵器时代，常常表现为对身体痛苦的毫不介意和对强大对手的力量优势。关羽的所作所为，尤其有一种威风凛凛的气势。《三国演义》把关羽形象和气质的诸多优长融入“过五关斩六将”的描叙，读者对于关羽的“忠”，就不只是一种伦理的肯定，而是一种美感的欣赏。伦理行为有了风度和气象，关羽的“忠”，因而显得超群绝伦。

再看《三国演义》如何写关羽对曹操的“义”。义，就是仗义。在这方面，《三国演义》尤为精彩的，是写出了曹操对于关羽的知遇之恩，写出了关羽对知遇之恩的不计利害得失的回报。

曹操对关羽的知遇之恩，人们熟知的是曹操封关羽为汉寿亭侯这类事情，但最早却是在“温酒斩华雄”那个情节里展现出来的。董卓部下先锋华雄，已把十五路盟军的几个将领先后给干掉了。盟军虽然也还有些勇将，但都不在前线，只好公榜在现有将士中招贤。不料诸多盟军将领，面面相觑，一个都不敢动。这时，关羽挺身而出，愿与华雄决一雌雄。这里需要注意，关羽请缨，在盟军头目袁绍和袁术看来，是极其荒唐的事。原因在于关羽的身份太低。在十五路盟军当中，有一路不太重要的，由公孙瓒带领。在公孙瓒手下，有一个县令，叫刘备。在刘备手下，有两个名不见经传的马弓手，是关羽和张飞。一个马弓手，要代表盟军出战，就好像一个本科生，代表学校在国际学术会议上作学术报告一样，让袁绍和袁术觉得很丢面子。袁术大喝一声：“汝欺吾众诸侯无大将耶？量一弓手，安敢乱言！与我打出！”（《三国演义》第五回“发矫诏诸镇

应曹公 破关兵三英战吕布”）此时此刻，只有曹操，他也是盟军的核心领导之一，赶紧拦住了袁术，说：“公路息怒。此人既出大言，必有勇略；试教出马，如其不胜，责之未迟。”（《三国演义》第五回“发矫诏诸镇应曹公 破关兵三英战吕布”）曹操看出了关羽的潜在实力，特意端来一杯热酒，给关羽壮行。这一回被习称为“温酒斩华雄”，就是因为读者们看出了曹操这杯热酒的分量。记得当年看“革命现代京剧”《红灯记》，李玉和的唱词中就有一句“临行喝妈一碗酒”。临行喝酒，那是一个庄严的仪式，其意义非同小可。也就是从这杯酒开始，关羽对于曹操，内心里有了一种特殊好感，也就是中国古代人所说的知遇之恩。湖北汉阳的古琴台，因为钟子期和伯牙的故事而得名。为什么当那个真能听琴的人去世之后，这个善于鼓琴的人就不再鼓琴？这是因为，别人并不真正了解你的价值，真正了解你的价值的，在这个世界上只有很少的人，所以古人才说，“人生得一知己，足矣”。在关羽一生中，他有两个知己，一个是刘备，另外一个是曹操。关羽用一辈子的忠诚来回报刘备，自是难能可贵；而曹操是刘备的死对头，关羽该怎样来回报他呢？

关羽对曹操的回报，最精彩的是“华容道义释曹操”。这个情节，在一段时间里，经常受到批判。理由是，关羽把集团利益放在一边，居然放走了一个奸臣，这是没有原则的表现。不过，《三国演义》所看重的，不是这一类原则问题，而是当个人生命和知己的生命只能保全其一的时候，你该做出怎样的抉择。关羽的选择是，宁可自己的脑袋落地，也要让知己的生命继续生存在这个地球上。所以，小说写“华容道义释曹操”，特意交代了一个细节：诸葛亮和关羽签了军令状。军令状的核心内容是：如果关羽把曹操放走了，那关羽的头就要落地；如果关羽想保全自己的生命，那么曹操的头就必须落地。在这样的情势下，关羽实际上面临着一个生死抉择。《三国演义》是这样写关羽的："云长是个义重如山之人，想起当日曹操许多恩义，与后来五关斩将之事，如何不动心？又见曹军惶惶，皆欲垂泪，一发心中不忍。""正犹豫间，张辽纵马而至。云长见了，又动故旧之情，长叹一声，并皆放去。"（《三国演义》第五十回"诸葛亮智算华容　关云长义释曹操"）这里，关羽的"义"，已经到了非常人所能达到的境界。常人所说的"义"，无非是得了别人的好处，一定加倍报答，绝不亏负。再好一些的，则是滴水之恩，以涌泉相报。而关羽的"义"，是用生命来谱写的壮丽篇章，他用生命来报答知己。一切个人的得失，乃至自己的生命都在报答知己的高贵情怀中，被置之度外。中国文化对于知己之情的珍视，也在"华容道义释曹操"这一经典情节中，淋漓尽致地得到了展现。这是对关羽的表彰，也是对中国传统的知己情结的表彰。

由此可见，关羽不仅是一个有能力建功立业的人，更是一个充分体现了"忠""义"境界的人。关羽在民间的声望越来越高，原因在此。高到了什么样的程度呢？他不仅是关大圣，不仅是关大帝，而且他还有一个头衔：在中国大陆，在中国港、台地区，在东南亚，他都有一个值得注意的头衔——财神爷。关羽之所以成为财神爷，是因为他是"忠义"的典范。在现代的商业准则中，有一个重要理念，往往不为那些小商人所注意，那就是诚信，或者说信誉。只有一个真正讲诚信和注重信誉的人，才能赚大钱，才能成为大商人。而经常背信弃义、要小聪明的人，只能赚一些小钱。那些明智的商人都信奉关羽，都以关羽作为他们的榜样。在这种信仰当中，关羽的影响已经从特殊领域走向了广泛的社会人生。

二 为何只有诸葛亮用锦囊妙计

孔明妙算胜孙庞
耿若长星照一方

这个话题，要从历史上的诸葛亮说起。

历史上的诸葛亮，可以分作早期和后期两个阶段来看。

关于早期的诸葛亮，要特别留意两个事例，一是“三顾茅庐”，另外一个是“隆中对策”。

“三顾茅庐”是民间广为流传的一个掌故，人们谈到礼贤下士、尊重人才，就会习惯性地提及“三顾茅庐”这个成语。实际上，“三顾茅庐”这样的事儿，只是特例，而不是常情。诸葛亮成功地让刘备来做这件事，让一个比他大十九岁的人，心悦诚服地一再拜访他，这背后一定是有些特殊原因的。在一般情况下，这样的事是不大可能发生的。经过反复考察，我的结论是，诸葛亮确实有必要让刘备三顾茅庐；而刘备和诸葛亮心有灵犀，乐意三顾茅庐，既显示了刘备卓越的领导才能，也表现了诸葛亮出类拔萃的智慧。这里主要从诸葛亮的角度提一个问题：是什么样的心理在背后推动他？或者说，他为什么一定要让刘备三顾茅庐？这个心理，据我观察，最要紧的一点是：当年的诸葛亮不仅年轻，他的才能也没有得到周围人的认可，他必须突破这个困境。同时，诸葛亮出山的愿望不是那么强烈，还需要刘备推他一把。

《三国志》记载诸葛亮，有这样一句，说他隐居隆中，经常自比管仲、乐毅，而“时人莫之许也”，当时的人并不认可他的这种自负。只有两个人了解他，说他真有管仲、乐毅的才能。这两个人，一是徐庶，这个徐庶，后来离开刘备，到曹操那里去了。还有一个是崔州平，是个隐士。想想看，诸葛亮在荆州住了那么长时间，居然只有两个人认可他的才能。这一事实对他形成了巨大的心理压力和挑战，他必须让刘备“三顾茅庐”请他，而不是自己去拜访刘备。

为了促成“三顾茅庐”，诸葛亮做了一个铺垫，让徐庶在和刘备聊天时顺便推荐了他。刘备听了徐庶的推荐，说，你什么时候请他过来，我们聊一聊。徐庶的回答是，这个人是不可能主动来见你的。要和他见面，除非是你去找他。为什么徐庶一谈到诸葛亮，就断言一定要别人去请他？当然是诸葛亮跟徐庶强调过呗。他们是朋友，有机会做这样深入的交流。需要追问一句的是：诸葛亮为什么要散布这样一个信息？

诸葛亮之所以散布这个信息，是因为他有多方面的考虑，大体捋一下，至少有三个因素在起作用。

第一个考虑，诸葛亮必须确认，在刘备心目中，他诸葛亮确实是一流人物。用什么样的方式来印证这一事实？从诸葛亮的角度看，如果刘备肯一而再、再而三地拜访他，他在刘备心目中的分量就得到了证实。所以，三顾茅庐是一个试探的过程。在这个试探过程中，诸葛亮达到了他预想的目的。或者说，他确信刘备已经接受了一个判断：诸葛亮不是寻常角色，尽管刘备比诸葛亮大十九岁，三顾茅庐拜访这样一个年轻人，是值得的。这里，期待被拜访的诸葛亮是睿智的，主动拜访诸葛亮的刘备同样是睿智的，其他任何两个人，都难以达成这样的默契。

第二个考虑，诸葛亮必须迅速确立他在刘备集团中的地位。说到诸葛亮，必须注意一个事实：他生得晚了一些，没有赶上建功立业的黄金时代。比他年长一辈的，曹操、袁绍、袁术等，有机会在黄河流域争主导权，从建功立业的角度看，可说是生逢其时。那个时候机会多，因为政治格局时时在变动之中。一旦天下的格局基本确定，要改变就不太容易了。而诸葛亮，在他二十七岁的时候，天下的格局已经基本确定。黄河流域是曹操的，谁想夺走那一块地盘，可说是痴心妄想；江东是孙权的，谁想从孙权手上夺走江东，也可说是痴心妄想。建功立业的空间已经非常狭小，只有荆州和益州，还留下一些机会。但这两个地方，曹操和孙权也都盯得很紧，机会稍纵即逝。如果诸葛亮要辅佐刘备拿下荆州和益州，必须尽快着手，不能慢慢来。而着手的前提是，他必须尽快在刘备集团中确立第二号人物的位置，否则一切都是空谈。

只是，要在刘备集团中确立第二号人物的位置，并不容易。关羽、张飞、赵云，不仅比诸葛亮年长一辈，而且多少年来跟着刘备鞍前马后、奔波劳碌，没有功劳，也有苦劳。凭他们的资历和跟刘备的亲密程度，自然是刘备身边最重要的人物。当然，刘备有一个长处，如果一个人建立了特殊功勋，在他那里也可以破格进入核心圈子，比方黄忠就是这样的一个人。关羽是看不起黄忠的。但黄忠功劳大啊，斩了夏侯渊，那可是曹操心爱的大将。刘备大封功臣，让关羽做前将军，让黄忠做后将军，让张飞做左将军，让马超做右将军，就是所谓的“四虎将”。赵云不在这四虎将里，后来人们说五虎将，是提拔了赵云。前将军和后将军，前后辉映，明显是把黄忠和关羽相提并论。关羽还真咽不下这口气！他看得起张飞，也看得起马超，什么时候看得起过黄忠？黄忠年纪又大，形象又不起眼。可是人家功劳在那个地方摆着。刘备说，我来跟关羽打招呼。刘备亲自打了招呼，关羽这才认账。至于诸葛亮，有什么功劳呢？你凭什么进入核心领导层？这种境况下，诸葛亮必须借力。借谁的力，借刘备的力。刘备来拜访诸葛亮，一方面表现了刘备的诚意，诸葛亮借此可以判定，刘备确实器重他，是把他当作一流人物来对待的。另一方面，也是做给关羽和张飞看的，大哥刘备如此看重诸葛亮，关羽和张飞也应该如此看重诸葛亮。这里涉及的已不是一个二十七岁的年轻人，而是大哥一再拜访的智囊人物。诸葛亮让刘备三顾茅庐，在短时间内大幅提升了他在关羽、张飞这一群体中的地位，这正是诸葛亮的关切之一。不然的话，如果像司马懿那样，跟在曹操身边做主簿，做个七八年，天下都统一了，还建什么功业？所以司马氏不是争天下，而是篡权。由此可以得出结论，诸葛亮让刘备三顾茅庐，他想达到的一个效果，就是要让关羽和张飞接受他这个二把手。不要摆老资格，也不要居功自傲，以后诸葛亮就是你们的领导。读《三国演义》，许多人都有一个感觉，虽然诸葛亮是一个年轻人，但是他一出山，就显得比关羽、张飞年长。那是因为诸葛亮的铺垫做得好，地位一下子就上来了。

第三个考虑，是出山还是不出山，诸葛亮需要权衡。为什么？诸葛亮有一个兄长，叫诸葛瑾，也是因为当年中原大乱，来到南方的，一是避难，二是寻找建功立业的机会。诸葛瑾年长一些，早就确定了方向，跟孙权干。诸葛瑾和他的儿子诸葛恪，都是东吴的重量级人物。而诸葛亮迟迟没有出山，一是年纪还轻，二是没有发现合适的领袖。显然，诸葛亮看不上刘表。如果他看得上刘表，或者刘表也看得上他，两者之间达成了一种双向认可，诸葛亮早就出山了。以刘表所占有的资源，那么多的人，那么大的地盘，也是有可能逐鹿天下的。可是刘表不是这块料子。至于刘备，他来荆州也已五六年了。诸葛亮虽然知道刘备是个英雄，但他觉得还有继续了解的必要。刘备这个人，在政治家中有其特殊性，既要打天下，同时又要顾及道德形象。比方说，荆州这块地方，刘备想不想拿到手上？当然想。不过，第一，刘备不想从刘表手上得到这块地方。从刘表手上得到这块地方，怕人非议，说他明明是到刘表这里来避难的，结果把刘表的地盘给夺了。他也不想从刘琮的手上得到这块地方。刘表曾向刘备托孤，如果刘备不去辅佐刘琮，倒把刘琮的地盘给拿过来了，同样有损刘备的形象。刘备很在意自己的道德形象。一方面，作为一个政治家，他必须考虑那些实实在在的利弊；另一方面他又希望把自己塑造成为不同于曹操的政治家。曹操这一类政治家的特点是，如果做坏事对我有好处，我就放手去做，因为它对我有好处。刘备不愿意这样。他有自己的权衡。诸葛亮是了解刘备这一特点的，因而他不得不面对一个难题：未来的刘备要打天下，必须有根据地，首先就要拿下荆州，但既不能从刘表或刘琮手上得到荆州，又不能因为争荆州而与东吴发生冲突，诸葛亮必须准备好解决的方法。

东吴和刘备是这样一种关系：他们有直接的利益冲突，比如都想得到荆州，但又必须互相联合，否则就抵抗不住曹操的攻势，就没法生存。他们之间的合作，不是基于感情或友谊，而是基于利害关系。据此可以做一番兵棋推演：在什么境况下刘备拿下荆州，东吴有可能放他一马？要知道，如果不是迫不得已，东吴是不会轻易放弃荆州的，对于东吴来说，荆州是他们梦寐以求的一个地方。我们讲过鲁肃，我们讲过周瑜，也讲过吕蒙，无论是鸽派，还是鹰派，都希望得到荆州。还有一个人叫甘宁，也可以提一提。甘宁曾向孙权反复强调：必须先把荆州弄到手，再把益州弄到手。只要把整个长江流域控制在手上，就有资本跟曹操竞争了。东吴想得到荆州，这是一个战略共识，不是一个人的偶然想法。所以，如果在夺取荆州的过程中，刘备不能和东吴达成协议，东吴也不会袖手旁观，让荆州顺顺当当落到刘备手上。而从刘备这边来看，如果他不能把荆州拿到手上，他的事业也就到此止步，就会泡汤。这样看来，诸葛亮实际上面临一个严峻的难题：在他出山以后，是不是很快就有一个机遇，有助于刘备理顺和东吴的关系，把荆州拿到手上。对于这个严峻的难题，答案是肯定的，机会马上就要来了。之所以得出这个答案，是因为曹操已经平定了北方。在没有平定袁绍、吕布、公孙瓒这些对手之前，曹操是不敢大规模南下的，他有后顾之忧。而一旦平定了这些对手，曹操就一定会尽快南下，因为他要统一天下，接管汉朝。时不我待，他不会让刘表、孙权共存于所谓汉朝的权力体系之中，他是会及早下手的。而一旦曹操挥师南下，诸葛亮相信，东吴为了不被曹操各个击破，只能选择与刘备联合。一旦刘备和孙权结成了战略伙伴关系，如果以“借荆州”的名义控制荆州，东吴也有同意的可能。事实上，后来东吴确实在“借荆州”这个名义下面，把荆州的使用权让给了刘备。也就是说，刘备终于有了一块根据地。

上面讲了诸葛亮的三点考虑，由此可见三顾茅庐对于他的重要性。诸葛亮让刘备一再请他，并不是故作姿态，并不是有意讨价还价，以提高价码，而是他必须这样做，否则就没法推进他的事业。诸葛亮生不逢时，留给他的机遇已经不多，只有用三顾茅庐这个反常的方式，他才能对刘备有更深切的了解，才能让关羽、张飞认可他的特殊分量，才能充分利用赤壁之战这个大展身手的机遇。三顾茅庐是诸葛亮早期生活中极为精彩的一笔，当然也是刘备的精彩之笔。

诸葛亮早期生活中的第二件大事，就是“隆中对策”。刘备和诸葛亮终于见面了。这次历史性的见面，是诸葛亮正式出山的标志，他的人生进入了一条新的轨道。此刻的诸葛亮，必须让刘备看到新的前景，新的可能，从而以一种一往无前的姿态逐鹿天下。诸葛亮确实做到了这一点，他的隆中对策，是刘备的战略蓝图，也是刘备的希望所在。

隆中对策，主要谈了两件大事。第一，刘备必须有自己的根据地，要把荆州、益州拿到手上。诸葛亮指出，黄河流域暂时不要理会，那个曹操，现在收拾不了他；也不必打江东的主意，孙权目下也收拾不了。荆州是用武之地，而刘表又守不住，可以想法拿到手上。还有益州，统辖那个地方的刘璋，为人暗弱，益州人都盼着真有领袖才能的人前去。得到了荆州、益州，苦心经营，日渐壮大，一旦时机成熟，就可以挥师北上，灭掉曹氏，兴复汉朝。诸葛亮的这一建议，核心是建立根据地，告诉刘备如何着手，步骤明确，具有可操作性。

诸葛亮把刘备的事业跟汉朝的兴复连在一起，是为了增加号召力。这个办法很多人都想用，曹操的用法是，我是汉朝的丞相，我做的一切都是代表汉朝。刘备的用法是，曹操代表不了汉朝，因为曹操名为汉相，实为汉贼；只有我刘备，汉朝宗室，有据可查，我要代表汉朝来收拾曹操这个奸臣。孙权也想用这个旗号，曾对鲁肃说，他有志于做齐桓、晋文，也就是像齐桓公、晋文公那样以天子的名义号令诸侯，但鲁肃提醒他，为时已晚，因为天子的名义已落到了曹操手上。曹操和刘备都看重这个旗号，是因为它能使自己的事业具有振奋人心的正义性和崇高感。统一天下，没有正义性和崇高感，是做不到的。

第二，在建立根据地之外，诸葛亮强调，从天下大势着眼，必须确立联孙抗曹的战略方针。天下三分，但大小不同，曹魏体量大，孙权和刘备就小多了。一对一的话，孙权和刘备可以打个平手，却都不是曹魏的对手。为了不被曹魏各个击破，刘备必须和孙权联合，共同抗击曹操。从兴复汉室的立场说，道义上应该如此，而更关键的原因是，从实际利害关系考虑，必须如此。这是隆重对策的第二个要点。

在诸葛亮隆中对策之后，刘备感到，他未来的事业确实充满希望，路径也十分清晰。刘备有人格魅力，他能把关羽、张飞这些一流人物，都吸引到自己的身边，靠的主要是人格魅力，而不是给予各种各样的好处。但是在战略上，他没有诸葛亮那种眼光。而诸葛亮的隆中对策，正好弥补了他的短板，让他的长处可以更加充分地发挥出来。从此以后，刘备的事业，就展开了一个新的局面。这是早期的诸葛亮，他深谋远虑，不愧为一流的战略家。

后期的诸葛亮如何呢？在历史上，后期的诸葛亮，主要是在国家治理方面具有无与伦比的政治智慧。在具体战术方面，诸葛亮倒并没有特别的才能。有一个事实可能很多人没有留意，刘备在世的时候，总是刘备在前线指挥作战。包括赤壁之战、彝陵之战，诸葛亮都不在前线。其中的原因，就在于刘备认为，诸葛亮确实有许多强项，但说到打仗，还是我刘备强些。刘备去世之后，诸葛亮才经常奔赴前线。那时，“蜀中无大将，廖化充先锋”，在具体战术方面，几乎没有超过诸葛亮的，他必须亲临战场。《三国志》的作者陈寿，对这一情形了解得十分清楚，所以他明确指出，诸葛亮最为卓越之处并不是指挥作战，而是国家治理。从国家治理的角度看，有许多大事，诸葛亮几乎都是冒天下之大不韪来做的。别人做了，也许会天下大乱；而诸葛亮做了，天下依然太平。这个，就是本事，无与伦比的本事。下面就来举例看看，诸葛亮做的几件大事。

第一件大事，架空刘禅。刘备去世之后，蜀汉的大权，都在诸葛亮手上，政治、军事、财政、人事，大事他都管了，刘禅很少在实质上过问。试想一下，如果是在孙权手下，有个丞相胆敢这样做，孙权一定会掐死他。如果是在曹丕手下，有个丞相胆敢这样做，曹丕也同样会掐死他。所以，那个时候，司马氏不敢动手。到了魏明帝掌权，也还不敢动手。后来是到了齐王芳，一个毛孩子做皇帝，才十岁左右，司马氏才敢动手，而司马氏所面对的，依然是此起彼伏的对抗，从来没有消停过。那种血雨腥风的争斗，令人毛骨悚然。这就是说，一个大权独揽的丞相，要么是被皇上干掉，下场悲惨，要么是皇帝处于弱势，争斗得不亦乐乎。而大权独揽的诸葛亮，却赢得了蜀汉内部的一致支持，包括刘禅本人，包括蜀汉臣民，没有人怀疑他居心不良，没有人不买他的账。“及其受六尺之孤，摄一国之政，事凡庸之君，专权而不失礼，行君事而国人不疑。如此，即以为君臣百姓之心欣戴之矣。”（《三国志·蜀书五·诸葛亮传》）诸葛亮为什么能做到这一点？因为刘禅乐意授权给他，因为蜀汉官员乐意让他多操心。一个人鞠躬尽瘁、忠心耿耿，光明磊落、处事公正，大家看在眼里，服在心里。做人做到这样的境界，古往今来，诸葛亮之外，真难找出第二个来。这是第一件大事。

第二件大事，连年发动对于曹魏的大规模战争。《三国演义》里浓墨重彩地写了诸葛亮“六出祁山”，历史上当然没有那么多次，但也有五次，五次也是够多的。在关羽被害之后，刘备攻打东吴，几乎调用了蜀汉所有的主力部队和财政资源，白帝城托孤，留给诸葛亮的是一个空壳子。诸葛亮辛辛苦苦经营了多年，蜀汉的财政和军力才逐渐恢复了元气。这时候，诸葛亮写了《出师表》，大规模地发动了对于曹魏的战争。为什么要发动对于曹魏的战争？诸葛亮实际上是做给两拨人看的。一是做给东吴看的，提醒东吴，不是你一家在和曹魏干，是我们两家在和曹魏干。如果只有东吴一家和曹魏干，东吴就可能归顺曹魏。不是说东吴乐意归顺曹魏，而是说，权衡当时的局面，这样做利大于弊。诸葛亮挥师讨伐曹魏，这就给了东吴底气。孙刘联盟在后期能够一直维系下去，原因之一，就是诸葛亮讨伐曹魏，把东吴的士气给调动起来了。二是做给蜀汉内部的人看的。蜀汉内部，一直有像谯周、张裕这样的人，他们经常散布蜀汉不可能长久的论调，导致士气低落。他们的论调当然有他们的道理，以蜀汉这样一块偏远之地，人口稀少，资源也不能跟中原相提并论，时间一长，哪里是曹魏的对手？而诸葛亮用大规模的北伐告诉众人，蜀汉不是被动防守，而是主动进攻。诸葛亮的目的是鼓舞士气，并不是真要把曹魏给拿下来，蜀汉没有这个实力。有一件事由此也可以得到合理解释，何以诸葛亮没有采用魏延的一个建议。魏延曾提出建议，既然北伐，就应找一条捷径，从子午谷直抵关中，把关中给占了。他不知道，以蜀汉的实力，就算夺得了关中，也守不住。诸葛亮并不认为北伐可以收拾曹魏，他只是为了保持攻势，一次斩一个大将，或者占几个县，或者把曹魏的人口掳一部分过来，就达到了目的。虽然不能改变总体上的被动局面，却有实实在在鼓舞士气的效果。

诸葛亮连年北伐，它所导致的一个负面后果是，老百姓的负担极其沉重。蜀汉人口不多，那么多的军费开支，都来自税收，老百姓受得了吗？历史上有几个王朝，它们的灭亡，当然还有别的原因，但很重要的一点，就是老百姓经济负担太大。比如秦始皇，他修长城，把国库掏空了，老百姓节衣缩食，难以为生。传说孟姜女哭长城，长城垮了，秦王朝也垮了，隐喻的就是这个情形。还有那个隋炀帝，修大运河。大运河至今还用于南水北调，对后人很有好处。但对当时的老百姓来说，就是一个沉重的经济负担。大运河修成了，隋炀帝游扬州方便了，也就在扬州踏上了死路，隋朝也亡了。一个王朝的开支太大，通常被表述为劳民伤财，往往伴随着巨大的现实危险。与秦始皇和隋炀帝一样，诸葛亮也大量动用民力，但并未引发群体事件，蜀汉百姓对诸葛亮依然服从而且敬重。仅这一点，就足以说明诸葛亮超群绝伦的政治才能。没有卓越的领导能力，是到不了这个境界的。

在上述两件大事之外，诸葛亮还有一个引人注目的长处，赏罚严明。对于那些犯错的人，即使是至亲，也绝不姑息；对于那些有功的人，即使是仇人，也一定奖赏到位。“尽忠益时者虽仇必赏，犯法怠慢者虽亲必罚，服罪输情者虽重必释，游辞巧饰者虽轻必戮。善无微而不赏，恶无纤而不贬。”“终于邦域之内，咸畏而爱之，刑政虽峻而无怨者，以其用心平而劝戒明也。”（《三国志·蜀书五·诸葛亮传》）诸葛亮不只是尺度把握得准，他还时时想着让那些受到惩处的人有机会再次发挥才能，给人希望，让人感到温暖。所以，诸葛亮去世之后，有几位受到严惩的人，如李严，竟然不久也去世了。“十二年，平闻亮卒，发病死。平常冀亮当自补复，策后人不能，故以激愤也。”（按：李平，初名严）（《三国志·蜀书十·李严传》）如果诸葛亮活着，李严还有受到重用的机会，而别人是不会像诸葛亮那样爱惜人才的。一个领导人在用人方面能够达到这样的境界，当然是第一流的。

由上面的叙述，可以得出一个结论：历史上的诸葛亮，绝对是第一流的政治家。

前面我们讲了历史上的诸葛亮的智慧，接下来讲民间三国中的诸葛亮的智慧。

《三国演义》写诸葛亮的智慧，面对一个巨大困难，那就是，诸葛亮这个一流的政治家，他所建立的功业，其实远不能和曹操相提并论，甚至也不能和孙权相提并论，当然也不能和司马懿相提并论。或者说，他虽然也建立了丰功伟绩，但和曹操、司马懿、孙权比起来，不免有些逊色。对这样的历史情形，当然可以做出解释。比如，曹操的机会比他好，司马懿的本钱比他大，而孙权不仅自己有能耐，尤其是他的父亲孙坚和他的兄长孙策早已为他奠定了厚实的基业。而诸葛亮，第一，生不逢时；第二，他手上的资源也少得多。但所有这些解释，都只是被动说明，而不是生动的描写。《三国演义》的作者，既然视诸葛亮为第一流人物，就一定要让他超过曹操，超过孙权，超过司马懿，一定要把诸葛亮的智慧写得绚烂多姿，否则就与他的地位不相称。怎么做到这一步呢？带着这个疑问来读《三国演义》，可以发现，《三国演义》赋予了历史的诸葛亮所没有的一些特点：特殊的行为方式，特异功能，擅长随机应变。

先说诸葛亮的特殊行为方式，最有名的是"锦囊妙计"。我曾对《资治通鉴》中所有重要历史人物的行事做过梳理，只发现了一个接近于"锦囊妙计"的例子。这一例的主角是曹操。张辽镇守合肥，手下人少，而孙权的主力部队眼看就要打过来了。这时，曹操要派人去救已来不及。怎么办呢？曹操赶紧派人送了一封信给张辽。那封信，规范的说法应称作教令。曹操在教令中吩咐张辽说，等孙权的主力部队逼近了，再拆开看。到了那个危急时刻，张辽拆开曹操的教令，内容是，让张辽带领李典和乐进，趁孙权的主力部队还来不及安营扎寨，对孙权发动一次突袭。曹操的这种处理方式，有点接近于锦囊妙计。但是《三国演义》把这件事淡化了，大概是不想引起读者的注意。至于历史上的诸葛亮，他倒是不用"锦囊妙计"的。而在《三国演义》中，"锦囊妙计"却与诸葛亮结下了不解之缘：所有别的人都不用“锦囊妙计”，只有诸葛亮用，因为他最厉害，才有资格用。而所谓“锦囊妙计”，就是不当面说清，而把计策写在纸上，放进一个锦袋里。比如，刘备要到东吴去跟孙夫人成亲，又怕去了之后被东吴软禁，回不来了。怎么办呢？诸葛亮让刘备不用担心，他给了赵云三个锦囊，以保证刘备万无一失。最初读《三国演义》，那时我还年轻，看到这个情节，不免有些紧张，总担心发生什么意外。第一，怕赵云不慎把它弄丢了；第二，怕被周瑜派来的人偷走。总而言之，我很担心这个锦囊的安全。到什么时候才不担心了呢？是后来把《西游记》读懂了之后。许多孩子读《西游记》，其实也有一个担心，那个悟空，他有一根金箍棒，可以变成绣花针放在耳朵里。绣花针太小了，要是什么时候掉进了草堆，找不出来就糟了。最初我也担心过，后来不担心了。为什么？因为金箍棒不是普通的铁棒，那是法宝。所有的法宝，它的拥有者都不必担心将其弄丢，别人也不可能轻易把他的法宝弄走，除非你掌握了一种神秘的咒语，或者有一种更厉害的法宝。在《三国演义》中，诸葛亮的锦囊，只要是他拿出来用的，通常都不会丢，而且招招管用，万无一失。这一情境下的诸葛亮，已经不是凡人，所有凡人，即使是像周瑜这样重量级的凡人，也比他矮了一截。因为他既然有本事用，就有本事控制它的去向。这是诸葛亮的一个特殊行为方式。

与“锦囊妙计”同样有名也同样重要的特殊行为方式，叫打耳语，“如此如此”。在布置作战任务时，诸葛亮的做法可以说是一反常态。如果是曹操，或者是孙权，他会坐在主席台上，对大家说：某某某，你到什么地方驻扎；某某某，你到什么地方驻扎；如果发生了某个特殊情况，你们可以这样处理。其宗旨是让所有将领对战局有个大体了解，以便相机行事。只有诸葛亮，用的是另外一种方式。诸葛亮虽然也坐在主席台上，但他绝不高声说话，而是把这个人从左边叫过来，咬着他的耳朵，“如此如此”，低声吩咐几句；然后把另一个人从右边叫过来，同样咬着他的耳朵，“如此如此”，低声吩咐几句。例如，“孔明大喜，乃唤魏延受计，如此如此；又唤关兴、张苞受计，如此如此；又唤心腹军士二人受计，如此行之。各将领命，引兵而去”（《三国演义》第九十二回“赵子龙力斩五将　诸葛亮智取三城”）。这样做有什么效果呢？表面上是要瞒住在场的其他人，只有耳朵对着诸葛亮嘴巴的那个将领才能听见诸葛亮的话，而实际上是要瞒住读者，瞒住所有读《三国演义》的人，让读者不知道诸葛亮究竟是怎么布置的，也不知道他想达到什么样的目的。因为读者被蒙在鼓里，战事如何进展他们一无所知，所以，他们才会不断拍案惊奇，觉得诸葛亮这个人，就是比曹操这些人高明。曹操这些人做了什么，可能导致什么后果，读者早就知道了，并不觉得惊讶。只有诸葛亮做的事情，以及这些事情所导致的后果，我们是在读的过程中突然知道的，不识庐山真面目，于是感到神秘而且神奇。

说到诸葛亮的这种特殊行为方式，可以顺便提到一个读者的有趣反应。大概二十年前，《杂文报》上发了一篇文章，很认真地讨论一个问题，说：为什么诸葛亮的事业做得没有曹操大，没有孙权大，没有司马懿大？是因为诸葛亮不注意培养人才。文章指出，培养人才的一个有效方式，是让那些人才接触各种各样的案例，让他们在实践中不断增长才干。可是诸葛亮呢，他把这些案例藏在自己肚子里，“如此如此”，不让下级知道。这些案例，是多么好的培训教材，可惜在诸葛亮那里没能发挥出培养人才的功效。事情坏就坏在那个“如此如此”，诸葛亮怎么就不能向曹操学习呢？这篇杂文让我深感遗憾，不是为诸葛亮不懂得培养人才而遗憾，而是为这个读者把历史的三国和“演义”的三国弄混而遗憾。历史上的诸葛亮是不“如此如此”的，只有“演义”的诸葛亮才“如此如此”。这是一种讲故事的方式，为了有趣，也为了突出诸葛亮的神机妙算，并非历史的真实情形。

在特殊的行为方式之外，诸葛亮还有特异功能。比如，他一眼就能看出魏延生有反骨。诸葛亮第一次见到魏延，打量了一下，突然说：把他推出斩了。好好的一个人，又没犯错，为什么要斩？诸葛亮冷峻地指出，魏延脑后有反骨，迟早会出事，不如早点除掉的好。20世纪，有个学者还就这个情节写过一篇文章，说《三国演义》的叙事有矛盾。这个学者认为，魏延是第一次见诸葛亮，当时戴着头盔，诸葛亮怎么能看到头盔里面的反骨？其实，照这个思路推理，就算没有头盔，只要头发浓密，也未必就看得见脑后的反骨。实际上，在历史上，诸葛亮对于魏延的判断，是基于这样一个事实：魏延这个人，过于自负。人们常说，性格决定命运。一个自负的人，很难处理好和同事的关系，因为他看不起同事，总是自觉不自觉地盛气凌人、居高临下。由此导致的摩擦不断积累，逐渐扩大，到一定程度，就成了魏延和群体的对立。体制是群体运作的产物，和群体的对立，也就相当于和体制发生了冲突。一个人和体制冲突，如果极其剧烈，就是叛乱，就是破坏社会秩序。而后来的魏延，正是如此。

在诸葛亮健在时，魏延的自视甚高、目中无人，还没有造成很大危害。毕竟有个诸葛亮压着他，虽然是对诸葛亮，魏延偶尔也会把腮帮子抬得老高。他曾说：我的那个计划，从子午谷出兵，直捣长安，要照我说的做，早就成功了，可惜丞相他不听我的。好像蜀汉在战略上的被动局面，就是因为没有听他魏延的。像魏延这样一个人，在诸葛亮去世之后，蜀汉没有一个人能镇得住他，他必然跟他的顶头上司对着干。而魏延对着干的方式，是要以他掌握的军队做筹码。而当魏延用军队来打杨仪，事情的性质就发生了质的变化。以前还只是人际关系不好，现在则是反叛，结局是被杀掉，连他的家族也被一锅端了。这就是历史上的魏延，由性格上的自视甚高演变成了跟体制的对立。对这样一个魏延，诸葛亮是了解的。只是，如果"演义"照这样的情形来写诸葛亮和魏延，虽然合情合理，却不够有趣。"演义"是把有趣放在第一位的，能兼顾情理更好，如果不能兼顾，宁可不合情理，也要写得有趣。"演义"把特异功能赋予了诸葛亮，让他一见魏延，就说他脑后有反骨，就是这样的写法。这样的情节当然是历史上所没有的，但是可以参照历史来理解。

"祭东风"也可以说是一种特异功能。对于《三国演义》的作者来说，叙述赤壁之战有一个天然存在的困难，那就是，历史上的赤壁之战，它的前线总指挥是周瑜，而不是诸葛亮，诸葛亮没有周瑜重要。唐代诗人杜牧，写了一首诗，题为《赤壁》，里面有这样两句："东风不与周郎便，铜雀春深锁二乔。"言下之意是说，周瑜是赤壁之战的主角。他并没有说"东风不与诸葛便，铜雀春深锁黄氏"。北宋苏轼写"赤壁怀古"，想起的也是周郎而不是诸葛亮。

这个事实对《三国演义》的作者是一个巨大挑战，想想看，如果赤壁之战这样一个奠定了三分天下格局的战略决战，诸葛亮居然没有出色的表演，《三国演义》的作者情何以堪！《三国演义》的妙处在于，这个困难不仅被克服了，而且克服得极为精彩。周瑜在最关键的时刻不得不求助于诸葛亮。“万事俱备，只欠东风。”周瑜忽然想起这件事来，不禁产生生理反应，昏倒在地。冬季很少刮东南风，倒是西北风比较多。如果到时候刮的真是西北风，烧的就不是曹军的战船，而是东吴的战船。周瑜对此一筹莫展，焦虑万分。这个时候，有人来救他了，不是别人，正是诸葛亮。《三国演义》写“祭东风”，煞有介事，每个环节都交代得非常周全。之所以写得那么细致，是因为只有写得像真的一样，才能显出诸葛亮特异功能的重要性：周瑜有什么了不得？要是没有诸葛亮，周瑜烧得了曹操的战船吗？诸葛亮的地位，一下子就提高了许多。

诸葛亮尤其擅长随机应变。在生活中，随机应变是一种令人愉悦的日常智慧，在小说里，随机应变更有可能成为一种引人入胜的情节。越是那种随机应变的智谋，给读者的印象也就越深。所以，像曹操，像周瑜，像司马懿，虽然也都足智多谋，但并没有给读者留下深刻印象。唯有诸葛亮，提到他，没有人不知道“草船借箭”的，没有人不知道“空城计”的。原因就在于，这些计谋，都是诸葛亮随机应变的经典之作。

例如“草船借箭”。事件发生在赤壁之战初期，周瑜因为嫉妒诸葛亮，想找一个理由把他干掉。当时孙刘已经结盟，两家约定了共同抗击曹操，作为前线总指挥的周瑜，名正言顺地给诸葛亮布置任务，说：我们缺十万支箭，急着用，你要在十天之内，赶紧造出来。这是军令，如果完不成的话，军法从事。诸葛亮明知周瑜是在算计他，却不但没有推辞，还把十天变成了三天。变成三天倒也罢了，因为诸葛亮胸中有数。胸中有数的诸葛亮，却又故意装得紧张兮兮，跑去找鲁肃说：完了，周瑜给我这样一桩事情，你说怎么办？你得赶紧给我准备人力、物力啊！多少兵士，多少战船，多少草靶，诸葛亮一一说明，让鲁肃抓紧准备。鲁肃是个厚道人，或者说，《三国演义》里的鲁肃是个厚道人，一一照诸葛亮说的准备好了。但是，鲁肃并不知道，这些东西是做什么用的。到了第三天，大清早，诸葛亮把鲁肃叫来。一起上了船，驾着船朝曹操的水军营寨一路划过去。到了离曹操水军营寨不远的地方，诸葛亮突然下令，让兵士们擂起鼓来，把我们忠厚老实的鲁肃，惊出一身冷汗。哎呀，明明那个曹操的水军营寨就在不远处，躲都躲不及，你还要擂鼓提醒对方，岂不是自投罗网？鲁肃大受惊吓，是情理之中的事。

有一个读者，我所见过的最实在的读者之一，徐城北，后来就这个情节写过一篇文章，说诸葛亮不厚道。他在《梨园风景线》中这样分析京剧《群英会》："《群英会》采取了一种很反常的写法，根本不去描绘诸葛亮如何借箭，却把表现的重心移到诸葛亮与鲁肃的性格对比上面——写诸葛亮是个'活神仙'，借箭之事早已料定并绝难产生失误，因此在舟中的时节就充满了闲情逸致；而鲁肃则是个不开窍的'老实人'，对朋友的满腹担忧遭到了朋友的调侃及戏耍。""不论他（指诸葛亮）遇到什么强敌，自己陷于何等'绝境'，他都从容得甚至不屑一顾，而以鄙夷之笑付予置自己于'死地'的强敌，并用闲情逸致与真正关心自己的‘老实人’（鲁肃）调侃开心。”“‘草船借箭’在《群英会》中，诸葛亮处在先知先觉的地位，从‘幽默’中渗透出来的，只能是对朋友、对世事的冷漠；而鲁肃始终被蒙在鼓里，他的一片友爱之情却化成对自己的委琐的嘲笑。”这是评京剧《群英会》，当然也适用于《三国演义》，因为《群英会》的情节就是从《三国演义》来的。徐城北的论证思路是这样的：诸葛亮在这个世界上最好的朋友是谁？鲁肃好歹是一个吧！那么好的朋友，你也不给人家交个底。别人帮了你的忙，你还吓别人一场，吓出心脏病来怎么办？徐城北从来没有想过，这个情节的魅力就在于用一个老实人反衬诸葛亮的足智多谋。这样的做法，在古典小说里经常出现。比方《水浒传》，有一个人点子特多，就是宋江，作者就让一点心眼也没有的李逵来做他的搭档。两个人感情最好，皮肤黑到一样的程度，可是两个人的性格差别太大了。鲁肃和诸葛亮也是这样的搭档。鲁肃忠厚老实，诸葛亮机智无比。一个憨厚，一个精明，这样两个人在一起，就有了浓郁的喜剧意味。把憨厚的人受到捉弄的情节，放在道德的天平上加以掂量，并不合适。

鲁肃听到鼓声，紧张得不得了。但是读者不用担心，最终的结果是皆大欢喜。曹操的那些水兵，在夜色之中，尤其是在大雾之夜，压根儿就不敢近距离跟人交战，只是远远地向着鼓声传来的方向射箭。这正是诸葛亮的目的所在，这边的草垛上落满了箭，再把船掉过头来，让另一边的草垛也落满箭。诸葛亮的数学成绩，估计是非常好的。他粗略算了一下，就确信十万支箭已经有了。回去清点，果然绰绰有余。至于诸葛亮为什么估算得如此之准，这就不属于我们关心的范围了，老百姓心目中的诸葛亮，还能没有这点超算的本事？别人做不到的，诸葛亮都能做到。而诸葛亮一旦做到，读者就非常开心，仿佛是自己做到了一样：大家心中的诸葛亮，就是顶呱呱！

再如“空城计”。“草船借箭”是把诸葛亮从赤壁之战的配角成功变成了主角，“空城计”则让事实上打了败仗的诸葛亮，依然保持胜利者的态势。在“空城计”之前，诸葛亮和司马懿对垒，一个重要环节是派马谡去守街亭。马谡这个人，能说而不能做。他把部队集中在山顶，结果让司马懿把供水给切断了。没有了水，就不能做饭；不能做饭，士兵就只好饿肚子。饿着肚子的士兵，不用别人打就会失败，因为军心已乱。马谡败得一塌糊涂。街亭是诸葛亮必须守住的一个要地，而马谡把它弄丢了。司马懿的主力部队过了街亭，长驱直入，事情发展到这一步，说诸葛亮输给了司马懿，是毫无疑问的。只是，诸葛亮咽不下这口气。确切地说，是《三国演义》的作者咽不下这口气。怎么能让诸葛亮输给司马懿呢？这样的棋局，无论如何得翻过来。《三国演义》也通常会给诸葛亮翻盘的机会。比如，诸葛亮病逝五丈原，情势被动之极，紧接着却是“死诸葛能走生仲达”，诸葛亮虽然已经去世，依然可以让司马懿惊慌失措。至于这一次，诸葛亮确实输了。这有什么要紧，正好用来反衬诸葛亮的精彩翻盘。再比如“空城计”这一段故事，司马懿的十几万主力部队，离诸葛亮所带领的那两三千人已经非常近了。一边是十几万的主力部队，一边是两三千文职人员。这些文职人员，可以抄抄写写，可以出点子，打仗却不管用。诸葛亮眼看就要完了。没想到，他随机应变，居然还有奇招。他让所驻扎的小镇一切保持常态，平时做什么，这时候照样做什么。打扫卫生的，继续打扫卫生；购买货物的，继续购买货物。诸葛亮本人，则在城楼上悠然自得地弹琴。一切照常。因为一切照常，司马懿做出了错误判断，他怀疑城中埋伏了许多兵力，不敢进城，向另外的方向走了。当然了，司马懿之所以判断失误，是因为他和诸葛亮是同样等级的智谋型人物。如果换了另外的人，比如把司马懿换成李逵，结果就不一样了。李逵挥着板斧，冲进城里，说不定就把诸葛亮捉将去了。幸好，诸葛亮面对的不是李逵。司马懿以正常的情理来推测诸葛亮，说，这个人一辈子谨慎，从不冒险，做事情总是力求稳妥；要么不做，要做就一定成功。既然诸葛亮看上去若无其事，那一定是有埋伏的。所以，司马懿的十几万主力，避开了这座小城，空城计取得了圆满成功。诸葛亮的这一次随机应变，让他虽然失了街亭，却依然保持着比司马懿更为卓越的态势。“演义”写诸葛亮的翻盘，精彩至极。

看了诸葛亮这些特殊行为方式、特异功能和随机应变的能耐，可以有把握地得出一个结论：历史上的诸葛亮是一个具有卓越智慧的人物；《三国演义》里的诸葛亮，也是一个智慧超群的人物。两者的衔接，似乎并没有不吻合之处。但是，两者的区别其实是很大的：历史的诸葛亮，体现的是一种深刻的政治智慧；而《三国演义》的诸葛亮，体现的是一种民间故事所界定的智慧。这些故事都很有趣，但并不是历史事实。虽然不是历史事实，却深受读者喜欢。所有读过《三国演义》的人，没有不喜欢“草船借箭”的，没有不喜欢“空城计”的，没有不喜欢“锦囊妙计”的。读者已经接受了这样一个诸葛亮，已经接受了这样一个形态的诸葛亮的智慧。

三 孔明出场

大梦谁先觉
平生我自知
草堂春睡足
窗外日迟迟

“伏龙、凤雏，两人得一，可安天下。”这是隐士、高人水镜先生司马徽向刘备透露的一条十分重要的“人才信息”。刘备忙问这二人究竟是谁，水镜却不明示，只是抚掌大笑道：“好！好！”好不容易透露了如此宝贵的信息，却又“犹抱琵琶半遮面”，这是吊刘备的胃口，也是吊读者的胃口。刘备一夜没睡好觉，夜里他听到有人和水镜对话：

水镜：“元直何来？”

“其人”：“久闻刘景升善善恶恶，特望谒之。及至相见，徒有虚名，盖善善而不能用，恶恶而不能去者也。故遗书别之，而来至此。”

水镜：“公怀王佐之才，宜择人而事，奈何轻身往见景升乎？且英雄豪杰，只在眼前，公自不识耳。”

“其人”：“先生之言是也。”

刘备听了大喜，暗忖“其人”必是伏龙、凤雏。想出来见个面，又不便造次。好不容易捱到天亮，忙向水镜询问“其人”姓名，伏龙、凤雏果系何人，水镜只是笑答：“好！好！”对谜底仍是守口如瓶。

其实，“其人”既不是伏龙，也不是凤雏，他叫徐庶（字元直），也是一个难得的奇才。后来他为刘备效劳过一段短暂的时日。当他不得不离开刘备的时候，刘备哭道：“元直去矣，吾将奈何？”然而，

“山重水复疑无路，柳暗花明又一村”。刘备忧伤地望着徐庶远去，忽然又见他拍马而回。原来他要向刘备推荐一个人。他说刘备若得此人，无异于周文王得姜子牙，刘邦得张良。如果以徐庶本人与之相比， 那就等于驽马并麒麟、寒鸦配鸾凤。此人曾经自比管仲、乐毅，但在徐庶看来，管仲、乐毅都不如他。“此人有经天纬地之才，盖天下一人也！”如此了得的人物，究竟是谁呢？直到此时，徐庶才把水镜“保留”的信息和盘托出了：此人复姓诸葛，名亮，字孔明，此人就是卧龙。这是诸葛亮的姓名第一次在《三国演义》中出现。

毛宗岗在《三国演义》第三十六回总评中说：“孔明乃《三国志》中第一妙人也。读《三国志》者，必贪看孔明之事。乃阅过三十五回，尚不见孔明出现，令人心痒难熬。及水镜说出伏龙二字，偏不肯便道姓名，愈令人心痒难熬。至此卷徐庶既去之后，再回身转来，方才说出孔明……写来如海上仙山，将近忽远。绝世妙人，须此绝世妙文以副之。”“诸葛亮”姓名的道出尚且如此曲折，如此郑重，可以想见，他的出场，必然更加不同寻常。

刘备“三顾茅庐”，就是为诸葛亮出场特意安排的隆重仪式。

这个仪式说简单也简单，无非是刘备去拜访孔明，两次都跑了空趟，第三次才请出了这位卧龙。整个情节没有什么扣人心弦的地方，其实比较平淡。可是在小说家的笔下，拜访的对象神秘莫测，拜访的过程扑朔迷离，本来简单的仪式，因而显得复杂而又隆重。

之所以获得如此效果，是因为小说家在此放弃了很多特权，他和刘备一样，也是一个初到隆中的陌生人。本来，小说家是可以全知全能的，他既可以向读者报告刘备的行踪，也可以报告与此同时的诸葛亮的状态，所谓“花开两朵，各表一枝”，说的便是这个意思。但罗贯中没有这样做，他放弃了全知全能的写法，把自己隐藏起来了，所有的信息都从刘备那儿来，刘备见到的、听到的，《三国演义》才写；刘备见不到的、听不到的，《三国演义》就不写：一切以刘备的所见所闻所知所了解为限。在叙事手法上，这叫第三人称限知叙事，又叫单人物角度，又叫有限范围内的全知作者。其特点，正如美国学者利昂·塞米利安《现代小说美学》所说，作者被限定在某个范围之内，叙述者即作者不再同所有的人物处于相同的距离，他只同其中一个人物比较接近；我们只能从这个人物那里得到信息，作者不能告诉读者这个人物所不知道的东西。

一顾草庐，未能见到诸葛，归来途中，忽见一人，容貌轩昂，丰姿俊爽，头戴逍遥巾，身穿皂布袍，杖藜从山僻小路而来。刘备猜测此人必是卧龙，赶忙下马向前施礼。不过，刘备认错了人。此人不是诸葛，而是诸葛的朋友崔州平。二顾草庐，听到路边酒店中有人击桌而歌，吊古感今，非常人所能吟咏。刘备疑心卧龙就在里面，便下马入店，见二人对饮：一个白面长须，一个清奇古貌，刘备作揖问道：“二公谁是卧龙先生？”这一次他又错了，这两人中仍没有诸葛亮，他们是诸葛亮的朋友石广元和孟公威。到了庄上，看到草堂上一少年拥炉抱膝，吟咏歌唱。刘备待其歌罢，上堂施礼道：“备久慕先生，无缘拜会。昨因徐元直称荐，敬至仙庄，不遇空回。今特冒风雪而来。得瞻道貌，实为万幸。”那少年连忙解释道，他不是卧龙，而是卧龙之弟诸葛均。他还告诉刘备，家兄出外闲游去了。或驾小舟游于江湖之中，或访僧道于山岭之上，或寻朋友于村落之间，或乐琴棋于洞府之内，往来莫测，不知去所。刘备无奈，只得留书一封，三致殷勤之意。正上马打算回去，忽见一人，暖帽遮头，狐裘蔽体，骑着一驴，后随一青衣小童，携一葫芦酒，踏雪而来。转过小桥，吟诗一首：

一夜北风寒，万里彤云厚。
长空雪乱飘，改尽江山旧。
仰面观太虚，疑是玉龙斗。
纷纷鳞甲飞，顷刻遍宇宙。
骑驴过小桥，独叹梅花瘦！

刘备料想，这次定是卧龙了，忙滚鞍下马，向前施礼。可是他还是错了！此人是卧龙的岳父黄承彦。

第三人称限知叙事手法可以产生两个效果。一是将几个松散的事组合在一起，使之看起来紧凑而富于戏剧性。在《三国演义》第三十七回中，农夫荷锄而歌，崔州平从山僻小路而来，石广元和孟公威凭桌对饮，路遇卧龙之弟诸葛均和卧龙的岳父黄承彦，情节之间并无因果联系，情节本身也颇为平淡，但由于采用了统一的第三人称限知视角，就将几个片段组成了一个密不可分的整体。二是增强了故事的神秘感，尤其是诸葛亮的神秘感。由于刘备在卧龙岗上是一个外来人，他不了解诸葛亮以及卧龙岗上的人、事、物，因此一切都成了雾花水月。模糊有其自身的价值，好莱坞电影界就惯以避免他们的明星在公众场合露面的做法来维护他们的魅力。“三顾茅庐”之于诸葛，也是尽量把他保持在模糊状态，以此来表现他的超常或不同寻常。

对刘备一次又一次的推测和误会，毛宗岗的评语打比方说，这就好像漫漫长夜里盼望曙光，看见灯光以为是曙光，看见月光也以为是曙光，看见星光又以为是曙光。又好像久旱盼雨，夜里听见风声以为要下雨，听见泉声以为下雨了，听见漏声以为雨来了。如同《西厢记》写的那样：“风动竹声，只道金佩响；月移花影，疑是玉人来。”但这些都仅仅是“以为”，是“疑”，是推测，诸葛亮究竟是怎样一个人，在刘备心里，在读者心里，还是一个未解的谜，一个不知何时才能解开的谜。毛宗岗分析说，这一篇着力写诸葛，但诸葛并未正面出场。原来，善于写超常人物的作家，往往不在实处写，而在虚处写。写他如同闲云野鹤，踪迹不定，才给人远离尘世之感；写他如同威凤祥麟，难以目睹，才给人气象森严之感。

“三顾草庐”，如同云散日出一样，难得诸葛亮这次没有出门。可这位卧龙还是不肯轻易露面，他大白天睡觉，让刘、关、张在外等了半天。醒来口吟一诗，到后堂更衣，又是半天，方整衣冠出来迎接客人。这时，我们才见到了大名鼎鼎的诸葛孔明：身长八尺，面如冠玉，头戴纶巾，身披鹤氅，飘飘然有神仙之貌。

诸葛亮的出场仪式如此隆重，那种气象，在《三国演义》中，没有任何一个人能与之相提并论。

四 英雄气长儿女情短

榆钱不买千金笑
柳带何须百宝妆
舞罢隔帘偷目送
不知谁是楚襄王

明末雄飞馆主人曾将《三国演义》《水浒传》合刻，总名为《英雄谱》。这两部名著确实有一个共同特点，即“英雄气长，儿女情短”。

《三国演义》的“英雄气长，儿女情短”，明显地表现在对貂蝉和江东二乔的处理上。

貂蝉是《三国演义》中的第一号美女。这个人物如果是在唐人传奇里，或者是在清初的才子佳人小说中，不知要衍生出多少浪漫旖旎的恋爱故事。但《三国演义》写貂蝉，却仅仅着眼于她在当时的政治格局中所起的作用。

那天，王允想到董卓白昼杀人的残忍场面，坐立不安。至夜深月明，策杖步入后园，立于荼蘼架侧，仰天垂泪。忽然听见牡丹亭畔有人长吁短叹，一看，原来是府中歌伎貂蝉。王允喝问：深夜于此长叹，你这贱人莫非有私情么？貂蝉跪下道：妾安敢有私情！妾蒙大人恩养，正想报答大人。近日见大人两眉愁锁，必有国家大事，又不敢问。今晚又见大人行坐不安，因此长叹。没想到被大人听见。如有用妾之处，万死不辞！就这样，貂蝉主动介入了王允布下的“连环计”中。她周旋于董卓与吕布之间，最终使两人矛盾激化，改变了当时的政治格局。

貂蝉充分发挥了她的眼睛对吕布的杀伤力。例如：貂蝉在董卓卧室见吕布在窗外偷窥，遂“故蹙双眉，做忧愁不乐之态，复以香罗频拭眼泪”。在董卓中堂，貂蝉又对着吕布“微露半面，以目送情”，以致吕布“神魂飘荡”。董卓病时，吕布去探望，“貂蝉于床后探半身望布，以手指心，又以手指董卓，挥泪不止，布心如碎”。后世的读者多称貂蝉为“女将军”，这是因为貂蝉实在了得。刘、关、张三英战吕布，尚且费力，貂蝉凭几滴眼泪便摆平了吕布，这还算不得大将军么？

只是，一旦离开了政治，一旦不再扮演“女将军”的角色，《三国演义》就不把貂蝉这位美女当回事了。“连环计”中的貂蝉是备受重视的，因为这与政治搏杀相关，但此后貂蝉在罗贯中眼里就无足轻重了。貂蝉的最终结局如何，罗贯中没有提到。也许在他看来，一个小女子不值得关注，她使吕布杀了董卓，就已经完成了使命。但清初那个既是读者又是评点者的毛宗岗，却密切关注着貂蝉的下落。第十二回，濮阳之战，吕布败于曹操，引军奔定陶而去。“陈宫急开东门，保护吕布老小出城。”毛宗岗在旁边批了一句：“不知此时貂蝉安在？”第二十回，曹操平定徐州，“将吕布妻女载回许都”，毛宗岗又不无牵挂地在这里加了一句评语：“未识貂蝉亦在其中否？自此之后，不复知貂蝉下落矣。”读者毛宗岗如此牵挂貂蝉，作者罗贯中则不大留意貂蝉，一个与政治不再相关的女子，无论多么美丽婀娜，在罗贯中眼里也是无足轻重的。

江东二乔是历史上著名的“国色”，加上这对姐妹花分别嫁给孙策和周瑜两位英杰，她们的故事更多了一层英雄美人的色彩，连北宋苏轼也在“大江东去”那首词中向慕不已地写道：“遥想公瑾当年，小乔初嫁了，雄姿英发。”只是，在《三国演义》中，作者压根儿就不关心作为浪漫故事主角的二乔，甚至懒得让她们露面，而只是把她们当作政治家运筹帷幄的道具来用。

唐代诗人杜牧曾在《赤壁》诗里调侃过一句："东风不与周郎便，铜雀春深锁二乔。"那本是开玩笑的话，是说如果运气不好，没有东风相助，周瑜就会吃败仗，连二乔也会成为曹操的囊中物。《三国演义》从这里找到灵感，把"雄姿英发"的周瑜写得猥琐不堪，以矮化周瑜的方式矮化了二乔。

细心的读者可能注意到了，《三国演义》中有两个周瑜。一个周瑜是风度翩然的江东才俊。他"姿质风流，仪容秀丽"，有非凡的气度和才华。初识孙策，便举荐张昭、张纮二贤。孙权执事后，又举荐了鲁肃。孙权麾下人才济济，周瑜功不可没。赤壁之战前，东吴内部战降之争持续不休，连孙权也一度拿不定主意。是周瑜力陈曹操所犯兵家之忌，使孙权消除了顾虑，下定了抗曹的决心。周瑜又主动请兵，进驻夏口，率众破曹。他调兵遣将，动止有法，连起初瞧不起这位年轻统帅的老将程普也心悦诚服。"三江口曹操折兵"是周郎打的第一个胜仗；"群英会蒋干中计"，又借曹操之手除掉了蔡瑁、张允两个水军都督。打黄盖，用苦肉计；请庞统，得连环计。一环扣一环，把精明过人的曹操"玩"得晕头转向，最终差点儿全军覆没。这个周瑜，正是苏轼所倾慕的"雄姿英发"的周瑜。

与风度翩然的江东才俊周瑜形成对照，另一个周瑜却每每有失风度。诸葛亮在曹植《铜雀台赋》中故意加了"揽二乔于东风兮，乐朝夕之与共"等句子，当着周瑜的面念给他听，以证明曹操挥师南下，就是为了掳掠二乔，以此来"激"周瑜。周瑜听了，果然勃然大怒，离座指北骂道："老贼欺吾太甚！吾与老贼誓不两立！"一点儿也沉不住气。他无法容忍智高一筹的诸葛亮，屡次设计加以谋害。诸葛亮答应三日之内监造十万支箭，并立下了军令状。周瑜暗自得意，私下对鲁肃说："他自送死，非我逼他。今明白对众要了文书，他便两肋生翅，也飞不过去。我只吩咐军匠人等，教他故意迟延，凡应用物件，都不与齐备。如此，必然误了日期。那时定罪，有何理说？"这口气，仿佛乡里小儿耍无赖，哪里有一点英雄气度。可周瑜又总是斗不过诸葛亮，以致被活活气死，还落了个心胸狭窄的名声。

《三国演义》中风度翩然的江东才俊周瑜，是历史上那个周瑜的写照；而心胸狭窄、以窝里斗为能事的周瑜，则来自民间艺术家的创造。《三国演义》对第一个周瑜虽然也花了些笔墨，但第二个周瑜才真是写得浓墨重彩的。让小乔嫁给第二个周瑜，是对二乔的调侃，也表明了《三国演义》对儿女之情的怠慢。

《三国演义》还写了一个丑女，那便是诸葛亮的妻子黄氏。小说写她"貌甚陋"，却有奇才：上通天文，下察地理；凡韬略遁甲之书，无所不晓。又十分贤惠，对诸葛亮多有帮助。诸葛亮死后，她不久也去世了。正所谓"天下奇人，必有奇配"。刻意以一个丑女来配"古今来贤相中第一奇人"，也见出《三国演义》对儿女之情的不屑。

《三国演义》何以会"英雄气长，儿女情短"？这与历史演义的审美取向有关。

钱钟书《管锥编》第二册"妙画当良医"谈到过历史著作的写

法问题。他举了一个例子：《南史·刘瑱传》记鄱阳王被处死刑后，他的妃子刘氏因悲伤得病，缠绵病榻，刘氏的兄长刘瑱于是请陈郡殷蒨画了一幅画，将鄱阳王生前与其所宠亲昵备至、"如欲偶寝"的情状画得生动如见，刘氏见了画中情景，怒骂道："这老家伙死得太晚了！"从此悲伤之情逐渐减弱，病也好了。钱氏就这一事例分析道："《南史》刘瑱传未及其他；此事虽资谈助，然单凭以立传入国史，似太便宜若人。《晋书》出于官修，多采小说；《南史》、《北史》为一家之言，于南、北朝断代诸《书》所补益者，亦每属没正经、无关系之闲事琐语，其有乖史法在此，而词人喜渔猎李延寿二《史》，又缘于此也。"确实，在正史中，叙述主体是"天下""国家"，是建功立业，细腻的情感活动和琐碎的家长里短是不应形诸笔墨的；而《三国演义》虽然不是历史著作，却是一部历史演义，在题材选择上仍与历史著作有其相近之处。在这样一部写"伟大人物创造伟大事业"的著作中，历史英雄才是主角，"儿女"除非也去干英雄的事业，否则就不会有重要位置。

五 『柴堆三国』的特殊风味

英雄露颖在今朝
一试矛兮一试刀

民间流传的三国故事，一部分进入了《三国演义》，一部分没有进入。没有进入《三国演义》的那些部分，相当一部分属于“柴堆三国”。农村里面，无论是稻草还是麦草，都是可以做柴烧的。堆在那里，就叫柴堆。农民休息时，常常背靠柴堆，这时候讲的三国故事，就叫“柴堆三国”。“柴堆三国”是民间三国的极端形态。

关于“柴堆三国”，想从两个方面入手加以说明。一是“柴堆三国”的历史观，二是“柴堆三国”在具体情节设计方面的特点。

先讲第一个方面，“柴堆三国”的历史观。

谈到“柴堆三国”的历史观，可以提到一本书，元代刊印的《三国志平话》。这个讲史话本中，容纳了不少“柴堆三国”的内容。

《三国志平话》开头，是宋元时代讲三国故事所共用的开场白，试图对天下三分的缘由做出解释。汉朝本来是一统天下，怎么会变成三国鼎立？开场白讲了一个故事，其实就是对此做出解释。故事说，东汉初年，正是刘秀开国之际，有个叫司马仲相的人，怀才不遇，一天跑进了皇家公园，酒醉之余，乘兴大骂，猛烈抨击社会生活中的种种不平。从秦始皇骂起，一路骂下来，骂得气势不凡。骂够了，还加上一句：这个老天爷，都说他是有眼的，为什么让人间发生这样的事情？可见老天爷也不长眼呀！司马仲相骂够了，心情舒坦，酣然入睡。梦中，他的灵魂被勾，到了天上。注意，勾魂通常都是在人睡着的时候。大概醒着的人，魂是勾不走的。司马仲相也是在睡梦中，灵魂被带到了天上。天公说，你自称怀才不遇，恐怕未必真有才能，我要检验检验。这里有一桩案子，你来做法官。如果判得好，说明你还真有本事；如果判得不好，等着瞧，要给你严厉惩罚。司马仲相借着酒力，一点也不怕，说：什么事？来吧！要他断的是这样一个案子。汉家天下——刘邦和吕后的西汉，本是韩信、彭越、英布这样一些将领浴血拼搏打下来的。打天下的功臣，理应得到丰厚回报。可是刘邦和吕后，不仅没有给予回报，还把这些人一一找借口给害死了。天公让司马仲相来处理韩信等人的冤情。司马仲相看完卷宗，对其间的是非曲直，了然于胸。他的判决如下：刘邦是开国皇帝，得到的好处最多，既然如此，就让他投生为汉献帝；吕后呢，投生为伏皇后。至于韩信，功劳特大，冤屈也特大。有一个掌故，叫“多多益善”。刘邦问他，我带兵，大概十万以上就带不动了，你能带多少兵？韩信答道，多多益善，无论多少兵，我都带得好，越多，带得越好。他功劳大，是因为能耐大。而功劳越大，冤屈也就越大。所以司马仲相说，韩信，让他投生为曹操好了，让他把汉朝的中原都占了，让他把汉献帝软禁起来，让他把伏皇后干掉。还有彭越和英布，功劳也不小，一个投生为东吴孙权，一个投生为西蜀刘备，把汉朝的天下各占那么一块。三分天下，以报从前的冤仇。

与司马仲相的断案相配合，《三国志平话》还有四句开场诗，是这样写的：“江东吴土蜀地川，曹操英勇占中原。不是三人分天下，来报高祖斩首冤。”江东是吴的地盘，西蜀是刘备的地盘，中原是曹操的地盘。看上去像是曹操、刘备、孙权三分天下，其实是韩信、彭越、英布来报汉高祖刘邦的斩首之冤。这就是民间三国关于三国历史的解释，其核心在于因果报应。

天公听了司马仲相的判决，欣然认可，说，你这个判决挺好。三分天下，总归是要合一的，既然如此，你就投生为司马懿，把三分天下整合为一统天下，然后进入下一个轮回。还有一个人物，叫蒯通，是西汉初年的一个纵横家。天公说，蒯通就投生为诸葛亮吧，不然司马懿就少了一个势均力敌的对手，多没趣呀。看得出来，在《三国志平话》里，除了几个帝王，唯有诸葛亮被特别加以强调。

说了“柴堆三国”的这种历史观，我们要问，史家的历史观是怎么样的？

说到中国史家的历史观，有必要注意“二十四史”的写法：中国古代没有一部叫作中国通史的书，只有一个接着一个的王朝史。即使是《史记》，也是若干王朝史的连接。实际上，司马迁仍是把每一个王朝当作独立时段来加以处理的，他并不认为后一个王朝和前一个王朝之间，是连续性发展的关系。司马光的《资治通鉴》，也是如此。史学家余英时就此做过一个归纳。余英时说，中西文化之同远远大于不同，中西文化在本质方面常常是一样的，它所不同的只是一些细节。比方说，欧洲人喜欢用刀叉吃东西，中国人喜欢用筷子吃东西，其实只是细节不同，吃饭吃菜还是一样的，并没有什么本质差异。在这个论述的基础上，余英时加了一句：如果说中西之间有什么重要的文化观念的差异，可以说，西方人是注重进化论的，他们认为历史是一条线往前发展的；而中国人是注重循环论的，认为每一个王朝都有其独立的循环过程，从奠基开始，到发展、兴盛、衰亡，每一个王朝，都同样地经历这样一个过程。后一个王朝，往往会经历前一个王朝所经历过的循环，而并不是在前一个王朝的基础上继续推进。概括说来，西方的历史观讲进化论，中国的历史观讲循环论。《三国演义》的开头，有这样一句话：话说“天下大势，分久必合，合久必分”。这句话所体现的，可以说是典型的史家历史观。

为什么中国古代的史家会这样认识历史，为什么每个王朝都被视为必不可免的循环？

循环论实际上是基于这样一些事实：每一个王朝发生、发展的过程中，通常伴随着三种情况。第一种情况，每一个王朝，那些不劳而获的人，总是逐渐增加，越来越多。原因是，每一个王朝都有它的皇族或相当于皇族的一个群体。在得到天下之后，他们理所当然地认为，天下是他们家的，在资产的分配中，理应得到格外的好处。比方明朝，开国皇帝朱元璋把他的所有儿子都封到不同的地域做了藩王。一个藩王，可以征用相应地区的税收。经常看到一个表述，说某王食多少户，就是有多少户的赋税，那是给他用的。这些人不劳而获，享有特殊权利。而每一个皇族的人数，总是在增长中，往往是几何级增长。当年没有计划生育，平均下来，一对夫妻至少生四个孩子，若干年后便多了四对夫妻，四对夫妻至少生十六个孩子，若干年后又多了十六对夫妻。这样不断增长，到一定时候，就会给国家造成沉重的经济负担。要养活那么多不劳而获的人，这个压力是非常大的。

第二种情况，是人口增长太快。每一个王朝建立之初，日子都比较好过。这是因为，刚刚经历过血与火的洗礼，战乱所造成的是人口的急剧下降。人口少，土地多，生活压力小，日子当然好过。大体说来，这种好日子在50年到100年左右。在这之后，土地和人口之间的平衡关系就打破了。土地少，人口多，生活压力越来越大，争夺生存资源的冲突便越来越剧烈。这个时候，要让老百姓不闹事，已经有困难了。

而偏偏是在这个时候，国家的政治生活中还出现了第三种情况：社会风气变坏。一般说来，王朝开国之初，社会风气是比较淳朴的。这一代人，都是吃过苦的，他们对于生活的要求，对于享乐的要求，总体上不会太高。但是第二代、第三代，就不一样了。尤其是那些富贵人家的子弟，他们是在优裕环境中长大的，对于享乐的要求越来越多。富商大贾且不说他，要说的是那些有权力的人。有权力的人，俸禄再高，也满足不了奢侈生活的需要，于是把目光转向了灰色收入。一旦灰色收入成为收入的重要部分，甚至主要部分，直接后果就是社会风气变坏、贫富差距拉大。它所造成的是许多人的心态不平衡。孔子曾说："不患寡而患不均。"大家一样穷，人们心态是平衡的。一个人那么有钱，另一个人那么缺钱。或者说，一个人有三千万，另一个人只有两百万。这个人虽然有两百万，心理还是不平衡。何况还有许多人贫病交加、生活无着。俗话说，饥寒起盗心。人到了生活无着的境地，什么事情都做得出来。在这种情况下，社会动乱的概率就非常高。即使没有外来的入侵者，一个王朝在两百年到三百年之间，通常也会发生内乱。无论是明朝，还是清朝，都是如此。这个内乱也就是“合久必分”。大乱之后，一个新的政权建立，进入新一轮循环，这就是所谓“分久必合”。“天下大势，合久必分，分久必合”，这就是中国古代史家所广泛认可的历史观。

可以看出，“柴堆三国”的历史观是有趣的，但是没有道理。与史家的历史观相比，就更显得有趣而无道理。

接下来讲第二个问题，侧重于从具体情节方面考察“柴堆三国”的特殊趣味。

“柴堆三国”中的一个段子，是讲关羽第一次见到周仓，两个人比高下的事。关羽感觉周仓还可以造就，要他跟着自己去干。周仓不乐意，说，我凭什么跟着你干？你要是比我有能耐，我跟着你干还行；你要是能耐没我大，我就干掉你了，还跟着你干？于是两个人开始比试。比试包括两个环节。第一个环节，迎风把柴草扔过一条水沟。只要是柴草，多少不限。周仓耍滑头，以为扔的越少，越占便宜。于是他抽出一根，迎着风往水沟那边扔。可以想见，不仅没有扔过去，柴草还被吹到他的身后去了。一根柴草，太轻了，很容易被风吹走。轮到关羽了，他拿起一捆柴草，朝沟那边扔过去。一捆柴草就有分量了，至少几斤，或者十几斤。只要你的力气足够大，哪怕是迎着风扔，也不会被吹回来。关羽用力一扔，那捆柴草不仅过了水沟，而且过了好远。第一个环节，周仓输了，但还是不服，咬定再比一轮。比什么呢，正好地上有蚂蚁，周仓说，看谁能一次把蚂蚁干掉。周仓先来。他以为，上一轮他输在想省力，这一轮一定要多使点力。周仓握紧拳头，对准蚂蚁使劲打过去。拳头捏紧了，有四个点比较高，有三个点比较低。正是低凹的地方，让蚂蚁逃得了性命，没有打着。轮到关羽了，他伸出一个指头，瞅准蚂蚁轻轻一摁，蚂蚁便死了。这是第二轮，周仓又输了。他心服口服地说，你真的比我有本事。于是服服帖帖地跟着关羽走了。

这是“柴堆三国”中一个比较经典的故事。从这一类故事，可以对“柴堆三国”的特点体认得更加清晰：它毫无道理，却极为有趣。也可以说，它极为有趣，正是因为毫无道理。这一类故事在民间流传极为广泛，因为老百姓讲故事，并不在乎它有没有道理。道理自有“四书”“五经”来教，不需要总是拿道理来说事。干活累了，坐在草堆边，就是想听一个有趣的故事。有趣就行，有没有道理无关紧要。

现在要问，《三国演义》与“柴堆三国”是什么关系？可以这样说，《三国演义》写诸葛亮，写张飞，有节制地采用了“柴堆三国”的一些内容。比如，“三顾茅庐”，刘备去拜访诸葛亮，第一次没有见到，第二次又没有见到，第三次呢，诸葛亮倒是在家，可是在睡午觉，大概是要考验考验刘备的诚意。张飞急了，说，他摆什么谱？等我到他的房子后面点一把火，看他起不起来。这样一个张飞，就是来自“柴堆三国”，与历史上的张飞是不一样的。历史上的张飞，有两个重要特点。第一，他是书法家，书法非常之好。第二，对士兵态度严厉，但是对士大夫礼貌有加。为什么对士大夫讲礼貌，因为他自己有文化啊。张飞的文化程度，可能比刘备的文化程度更高。刘备喜欢遛狗、讲究穿戴，耽误了很多宝贵的学习时间。张飞耽误的时间少，肚子里墨水挺多。当然，他同时也是一个将军。两方面合起来，就是儒将。可是，到了“柴堆三国”，他成了一个类似李逵的人，经常做一些粗人才做的事。粗人张飞，主要是“柴堆三国”塑造出来的。

诸葛亮的故事也有一些来自于“柴堆三国”，比如他的特异功能，还可以举一个例子，是关于“八阵图”的。历史上确曾有过“八阵图”，杜甫一首诗就说诸葛亮“功盖三分国，名成八阵图”（《八阵图》）。只是，历史上的那个“八阵图”，其实只是一种可以变出多种花样的阵式，目的是让对方不知道下一步会出现什么套路，防不胜防。虽然高明，但也并非神秘莫测。可是到了《三国演义》中，八阵图几乎成了法宝或神通。那是在陆逊打败刘备之后。有人向陆逊建议，说刘备已落到了孤穷境地，兵也少了，士气也没有了，这个时候，可以一鼓作气，赶紧去抓他。这是历史上的情形。陆逊否定了这个建议。陆逊明白，这一次要抓住刘备，确有可能。但他不想活捉刘备。这里有两个原因。一是他已料到，孙、刘开战之时，曹魏必然有大规模的军事行动。陆逊得尽快把主力调到合肥，以迎击曹魏。如果主力部队不及时赶到合肥的话，孙氏政权就有可能面临泰山压顶的厄运。二是从长远考虑，必须留着刘备。三分天下，孙吴一家是抵挡不住曹魏的。孙、刘之间虽有矛盾，但还是必须留下刘备，以分担来自曹魏的压力。三国之间，就是这样一种复杂关系。例如，当吕蒙即将把关羽置于死地，也就是关羽败走麦城之前，有人向曹操建议，说可以趁势把关羽干掉。反倒是曹操说，赶紧下令，一定要放走关羽。曹操的考虑是，关羽现在是东吴的死对头，把他留着，可以成为东吴的祸害。这些事实表明，三国之间，是非常复杂的一种关系。陆逊不去活捉刘备，就是基于这样一种现实的利害权衡。

不过，到了《三国演义》中，虽然也交代了这个因素，但却有意强化了另外一个细节。这个细节是说，陆逊的军队走到一个地方，突见阴云四起，杀气腾腾，仿佛埋伏了十几万兵马。这就是当年诸葛亮用石子排成的“八阵图”，它能造成仿佛有十几万伏兵的效果，陆逊也因此不敢继续前进。这个细节，就把“八阵图”的功能写神了。明人朱国桢《涌幢小品》说：“夔门有武侯八阵图，士女以七日游此，谓之踏迹。八阵图，一在夔州之永安宫殿，一在新都之弥牟镇。杨升庵谓在永安宫者，乃武侯从伐吴，防守江路行营布伍之遗制，非也。此图乃武侯应先主之召，入蜀时所布，非伐吴也。先主伐吴，武侯未尝从；惟临终受遗托时，又一到永安耳。而说者谓孔明预知先主败走，设此一迷陆逊，未知果否。”朱国桢是腹笥甚丰的学者，所以他对“柴堆三国”的说法将信将疑。

结论是，《三国演义》成书时，大量“柴堆三国”的内容已被排除在外，但那些与诸葛亮、关羽、张飞有关的一些情节，仍有少量来自“柴堆三国”。与“柴堆三国”的原貌有所不同的是，《三国演义》在采用这些情节时，注意与政治、军事大局的关联，注意与历史事实之间的衔接，也注意分寸感的把握。正是这样一些情节，让《三国演义》比《三国志》更有魅力。如果没有这些内容，如果《三国演义》和《三国志》的风格和内容大体一致，还会有那么多的读者吗？《三国演义》有节制地采纳“柴堆三国”，这是一个明智的做法。

六 精彩片段点评

对酒当歌
人生几何
譬如朝露
去日苦多

第一回　“宴桃园豪杰三结义　斩黄巾英雄首立功”：

这一回最精彩的关目是桃园结义。读者务必注意：这不是历史事实，而是民间故事。把这个故事放在卷首，确立了刘、关、张作为《三国演义》核心人物的地位，也确立了塑造这三个人物的基调。他们是老百姓所喜欢和偏爱的。

元代的《三国志平话》卷上有《桃园结义》一节，元杂剧有无名氏撰《刘关张桃园三结义》。

历史上的关羽主要使用矛、戟，青龙偃月刀是民间艺术家特意给他配置的。

第三回　“议温明董卓叱丁原　馈金珠李肃说吕布”：

吕布曾任丁原主簿。小说家给他加上丁原义子的身份，就使他的“见利忘义”更加触目惊心。

勇将是《三国演义》中重点刻画的人物类型之一，其中，最具代表性的大概要算吕布和关羽了。吕布是“力”的化身，关羽则是“义”的代表。赤兔马将二者联系在一起。同样一匹赤兔马，董卓用它轻易收买了吕布，曹操却无法用它来笼络关羽之心。这是富于戏剧性的对比。

《三国志·魏书七·吕布传》裴注有“人中有吕布，马中有赤兔”之语。元代的《三国志平话》将赤兔马写得更为神奇。

历史上的吕布，所用的兵器是矛。作为兵器的“方天画戟”，在三国时期还未出现。

但是，有了张飞的丈八蛇矛，怎能让吕布继续用矛？以方天画戟作为吕布威力的标志，看起来是一个不错的设计。

第五回 “发矫诏诸镇应曹公 破关兵三英战吕布”：

“关羽温酒斩华雄”一段，运用烘托、对比等手段，主要从虚处传神，笔力雄健，历来为人所称道。据《三国志·吴书一·孙破虏讨逆传》，斩华雄本是孙坚之功。小说却偏让孙坚成为华雄手下败将，而让关羽斩了华雄。热心于用《三国志》来批《三国演义》的人，不知作何感想？

曹操对人才的赏识与袁术、袁绍形成鲜明的对照。袁术狂妄自大，轻视关羽，袁绍则看重资历，不能破格用人，唯有曹操为关羽温酒壮行。斩华雄之后，袁术依然视关羽、张飞为“县令手下小卒”，曹操却暗地派人抚慰关羽等三人。在识人、用人方面，曹操是称得上“明主”的。毛宗岗多次称赞曹操为“可儿”，也正立足于此。他甚至还说，人们都骂曹操是奸雄，然而这奸雄岂是人人都可骂的？倒是曹孟德应该骂别人不是奸雄。

能够赏识一介马弓手关羽，曹操可谓慧眼如炬。在人才尚未出头之日看到他的潜力，比在人才声名大振之时对他恩宠有加更为难能可贵。同样，对人才来讲，在人主尚处于发展阶段时就追随他，比在人主如日中天时投奔他更需要眼光。

《李卓吾先生批评三国志》评曰："曹操暗以牛酒来慰玄德兄弟，此何如举动也？即袁绍不及知之矣，况余人乎？操真奸雄，何可及也！"

"三英战吕布"是民间艺术家的创造。元代的《三国志平话》卷上有《三战吕布》一节，武汉臣、郑德辉有同名杂剧《虎牢关三战吕布》。

写"三英战吕布"，目的是突出刘、关、张的豪迈气概。他们从此成为读者念念不忘的英雄。

虎牢关在今河南荥阳西汜水镇。唐以后改名汜水关。

第八回　"王司徒巧使连环计　董太师大闹凤仪亭"：

在王允设下的连环计中，貂蝉发挥了重要作用。《三国志·魏书六》有董卓"尝小失意，拔手戟掷布""布与卓侍婢私通，恐事发觉，心不自安"等记载，但并未提到貂蝉的名字。宋元以降，貂蝉之名才屡见于小说、戏曲之中。这一形象是民间艺术家运用想象给历史增添的一抹旖旎的色彩。

《三国演义》极写貂蝉之美，只是这种美丽并不是作为英雄的陪衬，而是政治斗争的工具。在一部以历史画卷为审美对象的作品当中，也许是可以理解的事情吧。

元代的《三国志平话》卷上《王允献董卓貂蝉》和元代无名氏的杂剧《锦云堂美女连环计》都说貂蝉与吕布本是夫妻，因战乱失散，貂蝉流落王允府中；为了夫妻团圆，吕布愤而杀死董卓。

《三国演义》改为貂蝉、吕布本不相识，情节的设计更为合理。

第二十七回　“美髯公千里走单骑　汉寿侯五关斩六将”：

千里走单骑、过五关斩六将等故事于正史中并无依据，多半来自民间传说。可以说《三国演义》中关羽的许多脍炙人口的故事都是虚构出来的。如“温酒斩华雄”，华雄其实是被孙坚所杀；万众之中斩颜良首级者确是关羽，文丑却不知为何人所杀，也一并记到了关羽的功劳簿上。关羽这样一个箭垛式的艺术形象，凝聚着民间对正义、勇敢、光明磊落等品德的向往之情，信口加以鄙薄是不合适的。

关羽过五关斩六将，自叹“事不得已”，深恐曹操以他为“负恩之人”，这就为“华容道义释曹操”埋下了伏笔。

有“汉寿侯五关斩六将”，就有“关云长义释曹操”。这虽不是历史事实，却比许多历史事实更合情理。

第四十四回　“孔明用智激周瑜　孙权决计破曹操”：

《三国志》中没有这一回所写的诸葛亮智激周瑜一事。铜雀台建于建安十五年，在赤壁之战后二年，曹植的《铜雀台赋》中也没有“揽二乔于东南兮”等句子。倒是唐代诗人杜牧，曾在《赤壁》一诗中用调侃的笔调写下了这样的句子：“东风不与周郎便，铜雀春深锁二乔。”与智激周瑜有些关联。

元代的《三国志平话》中有这样一个虚构情节：孙权命周瑜挂帅抗曹，周瑜却因贪恋妻子小乔，不愿出征。诸葛亮喝斥周瑜说：“今曹相取江吴，虏乔公二女，岂不辱元帅清名？”周瑜被激，当即同意挂帅出征。这是《三国演义》智激周瑜情节所本。

宋元戏文有《周小郎月夜戏小乔》，已佚。

让别人莫测高深的周瑜，却处处落于诸葛亮的下风。这是写周瑜，更是在写诸葛亮。

下篇

掌故的三国

清初毛宗岗修订《三国演义》，他有意在小说中增加了大量掌故片段，这些片段主要出自《世说新语》这一类笔记。

掌故片段的作用是多方面的。或通过片段的琐事显示人物的性格特征，为其在历史事件中扮演的角色提供注释，比如，以“管宁割席分坐”来说明早年的华歆即贪图名利，他后来充当曹操鹰犬收捕伏皇后并非偶然。或借志怪故事表达作者的爱憎情感，比如“左慈掷杯戏曹操”，虽不能给予曹操以实际的惩罚，但感情色彩浓郁，能使读者获得几许宽慰。而从总体上看，掌故片段的主要作用还是罗列轶事，抒写“幽居以养静”的闲情逸致。

古代文人的人生大体包括三个阶段：少年游侠，中年游宦，晚年游仙。所谓游仙，其实就是“幽居以养静”，就是在掌故的情调中怡情养性。“掌故的三国”，所表达的正是这样一种谈笑话沧桑的态度。与通常的“幽居以养静”有所不同的是，《三国演义》的掌故风味还隐含着几许时代的感伤。下面的话题，就围绕这一总的宗旨展开。

一　毛宗岗何以要把『滚滚长江东逝水』一词放在卷首

滚滚长江东逝水
浪花淘尽英雄
是非成败转头空
青山依旧在
几度夕阳红

毛宗岗本《三国演义》中的许多掌故，虽然与三国时期的政治风云往往并无直接联系，看似游离了《三国演义》的主旨，但却意味深长地表达了明清之际文人士大夫的历史感慨，丰富了《三国志演义》的内涵。

且看其中的几个掌故。第二十二回，陈登向刘备提到郑玄，《三国演义》于是插入了这几件轶事：

> 郑康成名玄，好学多才，尝受业于马融。融每当讲学，必设绛帐，前聚生徒，后陈声妓，侍女环列左右。玄听讲三年，目不邪视，融甚奇之。及学成而归，融叹曰："得我学之秘者，惟郑玄一人耳！"
>
> 玄家中侍婢俱通《毛诗》。一婢尝忤玄意，玄命长跪阶前。一婢戏谓之曰："胡为乎泥中？"婢应声曰："薄言往愬，逢彼之怒。"其风雅如此。

事出《世说新语·文学》，意在呈现郑玄的名士风流，与《三国演义》所展现的百年历史纷争当然没有直接关系。

再如第十一回介绍孔融：

自小聪明，年十岁时，往谒河南尹李膺，阍人难之。融曰：“我系李相通家。”及入见，膺问曰：“汝祖与吾祖何亲？”融曰：“昔孔子曾问礼于老子（按：老子姓李名耳），融与君岂非累世通家？”膺大奇之。少顷，太中大夫陈炜至。膺指融曰：“此奇童也。”炜曰：“小时聪明，大时未必聪明。”融即应声曰：“如君所言，幼时必聪明者。”炜等皆笑曰：“此子长成，必当代之伟器也。”

事出《世说新语·言语》，与《三国演义》所展现的百年纷争也没有直接关系。

又如第一百零七回，夏侯霸向姜维介绍魏国的两个可畏的后生，钟会和邓艾：

（钟会）字士季，太傅钟繇之子，幼有胆智。繇尝率二子见文帝，会时年七岁，其兄毓年八岁。毓见帝惶惧，汗流满面。帝问毓曰：“卿何以汗？”毓对曰：“战战惶惶，汗出如浆。”帝问会曰：“卿何以不汗？”会对曰：“战战栗栗，汗不敢出。”帝独奇之。及稍长，喜读兵书，深明韬略，司马懿与蒋济皆奇其才。

艾为人口吃，每奏事必称“艾……艾……”。懿（司马懿）戏谓曰：“卿称艾艾，当有几艾？”艾应声曰：“凤兮凤兮，故是一凤。”其资性敏捷，大抵如此。

事出《世说新语·言语》。有意味的是，夏侯霸跟姜维谈论的是关系到蜀国存亡的重要话题，不会津津于日常琐事。让夏侯霸谈论那么多的掌故，不过是毛宗岗喜爱掌故的作风在叙事中的表现。喜爱掌故，并因此写出了一个“掌故的三国”，《三国演义》就不是只有金戈铁马，而是在肃杀的刀光剑影中透出几分徐行缓步的气象。

即使是志怪片段的罗列，也接近于谈论掌故的效果。第十一回开篇提到糜竺的一件轶事：糜竺曾经到洛阳做买卖，乘车回家的途中，一个美妇人请求搭他的车。糜竺于是下车步行，把车让给妇人坐。妇人叫他上来一起坐，他上车后，端端正正坐着，目不斜视。妇人临别时对糜竺说：“我乃南方火德星君也，奉上帝敕，往烧汝家。感君相待以礼，故明告君。君可速归，搬出财物。吾当夜来。”说完就不见了。糜竺大惊，飞奔到家，把家里的东西都搬了出来。夜里果然失火了，房屋烧为灰烬。糜竺因此广舍家财，济贫救苦。事出《搜神记》卷四。它对于刻画糜竺这个人，几乎没有作用，因为丝毫不能增加糜竺作为一个谋士的光彩。不过，正是因为它“无关大体”，才具有掌故的悠然意味。

《三国演义》的最后一回依然津津于掌故的罗列。例如叙羊祜在军中，常穿轻裘，系宽带，不披铠甲，帐前侍卫也不过十来人。他死后，无论是南州百姓，还是江南守边将士，都悲伤而泣。襄阳人想起羊祜在世时，常到岘山游玩，便在这儿建庙立碑，四时祭祀。路过者见了碑文，都感伤落泪。所以，此碑名叫“堕泪碑”。又叙杜预为人，老成练达，好学不倦，最爱读左丘明《春秋传》。平时随身携带，外出也让仆人带着。时人称他有“《左传》癖”。

关于“掌故的三国”，毛宗岗的回前总评有这样几句说明：《三国演义》写两军相持，斗智斗勇，令人感觉荆棘成林，风云炫目。忽然夹入一段轻松的掌故，令人气定神闲，耳目顿易，感觉险道化为康庄，兵气销为日月。毛宗岗的回评说出了他的阅读感受，我们则想就他的阅读感受做进一步的诠释。

掌故风味的意义与中国古典的咏史诗有相通之处。中国古典的咏史诗，时常感慨人世的沧桑和山水的永恒。无论多么显赫的历史人物和历史事件，与自然界的山水相比，都是短暂的。初唐王勃的《滕王阁》诗说：“阁中帝子今何在？槛外长江空自流。”中唐白居易的《灵岩寺》诗说：“馆娃宫畔千年寺，水阔云多客到稀。闻说春来更惆怅，百花深处一僧归。”北宋苏轼的《法惠寺横翠阁》诗说：“百年兴废更堪哀，悬知草莽化池台。”无不弥漫着一种山水永恒而人世沧桑所触发的幻灭感。

这里应该提及苏轼的《前赤壁赋》。苏轼不仅写出了因人世沧桑与山水永恒的巨大反差而产生的幻灭感，还写出了一个心智卓越的人，面对这种幻灭感所选择的人生态度。当苏轼和友人泛舟江上，在悲凉的箫声中心有所动时，他们谈论这样一个话题——“月明星稀，乌鹊南飞”。这不是曹操的诗吗？想当年，他破荆州，下江陵，顺流而东，舳舻千里，旌旗蔽空，酾酒临江，横槊赋诗，何等英雄！如今他在何处呢？“大江东去，浪淘尽，千古风流人物。”他早已消失在无穷无尽的岁月之中了。连曹操这样的伟人尚且抗拒不了人生无常的悲剧，何况我们这样“渔樵于江渚之上，侣鱼虾而友麋鹿”

的寻常百姓呢？短促有如蜉蝣寄生于天地之间，渺小有如粟米依存于大海之中，人是多么卑微。但接下来，苏轼提出了另一种衡量人生价值的尺度。“客亦知夫水与月乎？”水虽然流去，水还是水；月亮虽然时圆时缺，月亮还是月亮。从变动的一面看，天地间的万事万物没有一刻工夫能保持原样；从不变的一面看，则外物与我都不会消失。人以自然的方式对待自然，就能最终融入自然，成为宇宙的一部分。苏轼所选择的，就是一种具有掌故风味的人生态度。的确，人生的最高境界并不在于功成名就，恬淡闲适的隐逸情调是比刀光剑影的杀伐征战更能提高人的尊严和生命意识的。“会将一副寒蓑笠，来与渔翁作往还。”陶然于清风明月之间，人类就可以与山水自然合为一体。

在毛宗岗生活的清初顺、康年间，幻灭感是弥漫在汉族士大夫文人中的一种剪不断、理还乱的时代情绪，在他们的内心深处，横亘着一片精神的废墟：他们以为至少还可以延续一百年的大明王朝，却突然瓦解，他们视为神圣的“夷夏大防”观念，也受到现实的嘲弄。不是一般意义上的盛衰无常，而是一种文明的盛衰无常。这种幻灭感在所有的文体中都有深切的表现。在词中，有陈维崧的《点绛唇·夜宿临洺驿》，更有朱彝尊的《卖花声·雨花台》：

衰柳白门湾，潮打城还。小长干接大长干。歌板酒旗零落尽，剩有渔竿。　秋草六朝寒，花雨空坛。更无人处一凭阑。燕子斜阳来又去，如此江山！

在戏曲中，有《长生殿》第三十八出《弹词》，更有《桃花扇》续四十出《余韵》。且听《余韵》那段归结全剧的唱词：

（丑扮渔翁）[离亭宴带歇指煞]俺曾见金陵玉殿莺啼晓，秦淮水榭花开早，谁知道容易冰消。眼看他起朱楼，眼看他宴宾客，眼看他楼塌了。这青苔碧瓦堆，俺曾睡风流觉，将五十年兴亡看饱。那乌衣巷不姓王，莫愁湖鬼夜哭，凤凰台栖枭鸟。残山梦最真，旧境难丢掉，不信这舆图换稿。诌一套哀江南，放悲声唱到老。

并非偶合，毛宗岗修订《三国演义》这部直接描写政治格局变动的历史演义时，也以一首吊古词开篇：

滚滚长江东逝水，浪花淘尽英雄。是非成败转头空：青山依旧在，几度夕阳红。　白发渔樵江渚上，惯看秋月春风。一壶浊酒喜相逢：古今多少事，都付笑谈中。

这首词出自明代杨慎所著《历代史略十段锦词话》（后改称《廿一史弹词》）的第三段。明代刻本《三国志通俗演义》原无此词。毛宗岗评改《三国演义》，特意将它放在卷首，旨在以吊古伤今的情调笼罩全书。那些英雄人物，那些血雨腥风，都随着时间的流逝而消散殆尽了，剩下的只有那亘古不变的青山夕阳、秋月春风。拿“滚滚长江东逝水”这首吊古词与苏轼的《前赤壁赋》对读，对于毛宗岗何以热衷于掌故，可以获得更加深切的理解。

滚滚大江，巍巍青山，超越了是非成败，是那样的壮阔，又是那样的悠然。

二　谁云骑马胜骑牛

骑驴过小桥
独叹梅花瘦

先看看清代吴敬梓《儒林外史》中的两段文字：

两公子谢了樵夫，披榛觅路，到了一个村子，不过四五家人家，几间茅屋。屋后有两棵大枫树，经霜后，枫叶通红，知道这是杨家的屋后了。又一条小路，转到前门，门前一条涧沟，上面小小板桥……

当下请在一间草屋内，是杨执中修葺的一个小小的书屋：面着一方小天井，有几树梅花，这几日天暖，开了两三枝；书房里满壁诗画，中间一幅笺纸联，上写道："嗅窗前寒梅数点，且任我俯仰以嬉；攀月中仙桂一枝，久让人婆娑而舞。"两公子看了，不胜叹息，此身飘飘如游仙境。

读者也许已经感觉到了，这样的处所，一定住着一位大隐士。不错，小说中的娄家两公子也正是把这草屋的主人杨执中当成了大隐士，以至于"三顾草庐"，做了一桩自以为"礼贤下士"的宏伟事业。然而实际情况如何呢？杨执中身为盐店的管事先生，从不用心料理账目，到头来亏空了七百多两银子。他喜欢幽雅，喜欢脱俗的生活，可他连一家的生计也维持不了，他只是一个"老阿呆"。《儒林外史》对这类隐士是不乏讽刺意味的。

《三国演义》也写到了好几个隐士。他们真有才学，不是浪得虚名之徒，比如那个道号“梦梅居士”的娄子伯，在曹操与马超相拒于渭水时，向曹操献上筑城之法；诸葛亮南征时，军士误饮哑泉之水，不能说话，是“万安隐者”孟节带领蜀兵去饮安乐泉水，从而解了毒。孟节还让军士采摘他草庵前的“薤叶芸香”草，含在嘴里防瘴气中毒。据说已三百多岁的神仙李意也是一个隐者，能知人生死吉凶。刘备再三问他出师东征的吉凶如何，他取纸笔画兵马器械四十余张，画完便一一扯碎。又画一大人仰卧地上，旁边一人掘土埋之， 上写一大“白”字。能预测到刘备四十连营皆被烧毁和白帝城托孤，这位隐士还真有些神仙的本事。

这些隐士的人格也与他们的能耐般配。曹操为表示感谢，厚赏娄子伯，他不受而去；诸葛亮表示要申奏天子，立孟节为王，孟节说：“为嫌功名而逃于此，岂复有贪富贵之意！”诸葛亮要赠给他金帛，他坚辞不受；李意画完图后也立即稽首而去。他们贡献出自己的才学却一无所求，是真隐士，不是走终南捷径的滑头。

隐逸有避世之隐，有避人之隐。

《论语》记载了这样一则故事：长沮、桀溺在一块儿耕地，孔子经过此地，派子路去打听渡口所在。长沮、桀溺得知那个执辔的长者就是孔子时，劝子路说：“天下大乱，诸侯中无一贤者，孔子将与谁共治天下呢？ 你与其跟着像孔子这样的避人之士东奔西走，还不如跟着像我们这样的避世之士隐居不出。”他们是宁可隐居于山林，与鸟兽同群的。孔子则志在救世。当子路把两人的话转告孔子时，孔子明确表示“鸟兽不可与同群”，越是天下大乱，越需要坚忍不拔地参与社会变革。孔子还将继续奔波劳碌，周游列国。

《论语》还记载了另一个故事：楚国一个叫接舆的狂人听说孔子要来楚国，就唱着歌来到孔子的车前，他唱道："凤凰啊，凤凰，你的道德怎么这样衰微呢？过去的已不能挽回，未来的还来得及改正。算了吧，算了吧，现在的执政诸公，危乎其危啊！"在接舆看来，无论是齐鲁，还是晋郑，现实社会都是一片昏暗，所以孔子没有必要到楚国去。以前忙忙碌碌地奔波，毫无结果也就算了，如今尚来得及做的就是归隐。孔子的想法与接舆不同，他下车想把自己的一番救世理论跟接舆讲一讲。但这个狂人不想听，连忙跑开了。

长沮、桀溺和接舆属于典型的避世之隐，他们对于整个社会不再抱有热情。孔子避人，但他没有隐居。儒家也是讲隐逸的。孔子说过："天下有道则见，无道则隐。""用之则行，舍之则藏。"孟子也说："达则兼济天下，穷则独善其身。""舍之则藏"和"独善其身"都是避人之隐，是等待明主，一旦遇上他们所认为的明主，"隐"就变为"见"（现）了。

娄子伯、孟节和李意属于避世之隐，但又不完全避世，他们还偶尔出来助他们所认为的明主一臂之力。刘备见到诸葛亮之前，倒是遇到了几个真正避世的隐士。

崔州平对刘备说："将军欲使孔明斡旋天地，补缀乾坤，恐不易为，徒费心力耳。岂不闻'顺天者逸，逆天者劳'；'数之所在，理不得而夺之；命之所在，人不得而强之'乎？"他的意思与长沮、桀溺和接舆是一样的，即人不可能胜过天命。既然对社会有如此悲观的看法，做一个闲适的隐士便是题中应有之义了。石广元和孟公威也是如此。刘备久闻他们大名，一见大喜，想请二位同到卧龙庄上一谈，他们推辞说：“吾等皆山野慵懒之徒，不省治国安民之事，不劳下问。”避世的隐士给人的感觉真是“极闲极冷”。那位水镜先生司马徽，似乎也是避世的，刘备曾请他出山相助，同扶汉室，他却表示：“山野闲散之人，不堪世用。”不过他向刘备推荐了伏龙、凤雏， 这个忙帮得真够大的。

诸葛亮曾是一位隐士。他居住过的卧龙岗，真是一个隐逸的好去处：

> 山不高而秀雅，水不深而澄清；地不广而平坦，林不大而茂盛；猿鹤相亲，松篁交翠。

山脚下荷锄耕田的农夫唱的歌是诸葛亮写的，真是一支看破世事的隐者之歌：

> 苍天如圆盖，陆地似棋局；
> 世人黑白分，往来争荣辱；
> 荣者自安安，辱者定碌碌。
> 南阳有隐居，高眠卧不足！

诸葛亮的行踪，真具隐者风度：童子、兄弟只知他闲游去了，或驾小舟游于江湖之中，或访僧道于山岭之上，或寻朋友于村落之间，或乐琴棋于洞府之内，至于具体什么地方，几时回来，一概莫知。这些韵事，与崔州平等人其实没有什么大的区别。诸葛亮的不同，在于他的隐是避人之隐。诸葛均唱的那首歌大概是诸葛亮写的，比农夫唱的那一首更能表达他的志向：

凤翱翔于千仞兮，非梧不栖；
士伏处于一方兮，非主不依。
乐躬耕于陇亩兮，吾爱吾庐；
聊寄傲于琴书兮，以待天时。

所谓“非主不依”，所谓“以待天时”，表明他一直在等待明主的出现，如同黑夜中盼望黎明，如同严冬里盼望春天。“大梦谁先觉？平生我自知。草堂春睡足，窗外日迟迟。”诸葛亮梦什么呢？毛宗岗推测说：“仲尼之梦，是梦周公；孔明之梦，是梦伊尹。”这话没错。他为刘备做决策时，拿出了一张西川五十四州的地图。可见，诸葛亮高卧隆中，并非真的“躺平”了，他为出山已经酝酿了许久。小说第三十七回引的一首古风，准确地传达出了诸葛亮隐居的深意：

襄阳城西二十里，一带高冈枕流水：
高冈屈曲压云根，流水潺湲飞石髓；
势若困龙石上蟠，形如单凤松阴里；
柴门半掩闭茅庐，中有高人卧不起。
修竹交加列翠屏，四时篱落野花馨；

床头堆积皆黄卷，座上往来无白丁；
叩户苍猿时献果，守门老鹤夜听经；
囊里名琴藏古锦，壁间宝剑挂七星。
庐中先生独幽雅，闲来亲自勤耕稼；
专待春雷惊梦回，一声长啸安天下。

清代纪昀在《阅微草堂笔记》中说：阴司厌恶对名利的热衷，认为种种坏事，都由此而来；但不怎么看重隐逸，因为天地生人，原是为了有补于世事；倘若人人都做巢父和许由，那么至今洪水横流，怕是想找一块隐居之地也找不到。《三国演义》看来也是这个意思，对于隐逸，它更为推崇的是诸葛亮这样的避人之隐。隐逸不是最终目的，遇到了明主还是应该出山。所以毛宗岗愤愤地说，要是三国的名流都去学司马徽、崔州平、石广元和孟公威，而没有志决身歼、不计利钝的诸葛亮，谁来将扶汉之心传于千古？

但事情又不是这么绝对。有一个细节不宜略过。刘备跃马檀溪之后，迤逦望南漳策马而行。当时日将西沉，见一牧童跨于牛背上，口吹短笛而来。刘备叹道："吾不如也。"遂立马观之。骑马的刘备慨叹自己不如一个骑牛的牧童，此中有深意存焉。是的，像牧童那样，融入自然，品味闲适，品味天趣，与骑在马背上追逐功名荣华比较起来，更加贴近"掌故的三国"，更符合我们内心深处的那份渴望。

说来中国的读书人是非常追求"仕进"的。孔子奔走列国，孟子游说诸侯，仕进即其目的之一。但比仕进更本质的知识阶层的历史使命却是“任道”。当仕进与任道发生冲突时，为了弘道，为了向“势”显示“道”的尊严，他们宁可不再“进取”，其结果，崇拜隐逸的处世态度和行为方式便成为题中应有之义了。中国文化对于隐士的偏爱只有从这一角度才能索解；《三国演义》对于诸葛亮的偏爱也正是基于对道的执着，对知识分子的独立社会角色和文化职能的执着。

隐逸，自有其永久的魅力。

三 是非成败转头空

纷纷世事无穷尽
天数茫茫不可逃
鼎足三分已成梦
后人凭吊空牢骚

左慈，字元放，庐江人，是东汉末年有名的方士。东晋干宝《搜神记》卷一《左慈》记载了他的神通：

有一次参加曹操的宴会，曹操笑着说："今天高朋满座，珍馐略备，只可惜没有松江的鲈鱼啊。"元放说："这有何难。"只见他在铜盘里放满水，拿根竹竿在上面垂钓。不一会儿，便钓上一条鲈鱼。众宾客都惊叹不已。曹操说："要是有两条就好了。"于是元放又放饵垂钓。果然，又钓出一条三尺多长的鲈鱼。曹操亲自上前把鱼切了，赏给众宾客。曹操又说："已经有了鲈鱼，就差蜀地产的生姜了。"元放说："这也容易。"曹操怕他就近买姜，说："我不久前派人到蜀地买锦，你可叫他多买两匹。"过了一会儿，生姜买回来了，并且说见到了曹公的使者，已经叫他多买两匹。一年后，曹操的使者回来，果然多买了两匹。问他怎么回事，他说："某月某日，有人向我传达过曹公的指示。"

又有一次，曹操出行近郊，带了数百名随从。元放备置了好酒好肉，与百官吃了个尽兴。曹操奇怪他哪儿来的酒菜，一打听才知道，酒店里的酒肉昨天失踪了。曹操很是生气，欲杀元放。元放突然走进墙壁里不见了。曹操悬赏捉拿，却在大街上捉了很多一模一样的"元放"。后有人在阳城山头看见了元放，便去追赶。元放走入羊群，又不见了。曹操知道抓不到他，就对着羊群说："我不杀你了，只是试试你的法术。现在我相信了，你就出来吧。”一只老羚羊忽然像人一样站了起来。旁边的人说：“就是他。”并准备捉拿。这时，所有的羊都变成了老羚羊，并像人一样站着，没有人知道该捉哪一只了。

这篇志怪故事对曹操略有调侃，但其主旨不是调侃曹操，而是借以衬托左慈的神通。《三国演义》第六十八回“左慈掷杯戏曹操”采纳了这一故事，则以“戏曹操”为核心。左慈在证实了他的仙术后，对曹操说：“大王位极人臣，何不退步，跟贫道往峨眉山中修行？当以三卷天书相授。”曹操说：“我亦久思急流勇退，奈朝廷未得其人耳。”左慈笑道：“益州刘玄德乃帝室之胄，何不让此位与之？不然，贫道当飞剑取汝之头也。”曹操大怒道：“此正是刘备细作！”喝左右拿下。左慈大笑不止。十多个狱卒着力痛打，左慈却齁齁熟睡，全无痛楚。取大枷，用铁钉钉了，铁锁锁了，送入大牢，枷锁却一一脱落，而左慈毫发无损。连续监禁七天，不让他吃喝，左慈的脸色却越来越好。曹操对他无可奈何。最后一段是这样写的：曹操画影图形，各处捉拿左慈。三日之内，城里城外，所捉眇一目、跛一足、白藤冠、青懒衣、穿木履先生，都一般模样者，有三四百个，哄动了街市。曹操令众将将猪羊血泼到他们身上，押送城南教场。曹操亲自引甲兵五百人围住，尽皆斩之。人人颈腔内各起一道青气，到上天聚成一处，化成一个左慈，向空招来一只白鹤，骑坐在上面，拍手大笑道：“土鼠随金虎，奸雄一旦休！”曹操令众将以弓箭射之。忽然狂风大作，走石扬沙；所斩之尸，都跳了起来，手提其头，奔上演武厅来打曹操。文官武将，掩面惊倒，各不相顾。曹操也因此惊出一场病来。

曹操没有死于左慈之手是一个不容篡改的事实，作者如何处理左慈与曹操的较量才能体现正义战胜邪恶的历史哲学，这是一个难题。《三国演义》的剪裁运化之妙在于：既不改变历史事实，又通过若干琐事的穿插，成功地在对曹操的调侃中体现出作者的价值观。曹操的确没有死，然而他的不可一世的气焰却在左慈的“无矜无躁”的谈笑中被打消了。

用神仙来调侃世俗权贵，这是《三国演义》的妙处之一。需要留意的是，作者显然还有更深一层用意，即借左慈“点化”曹操，来表达某种历史的幻灭感。

《三国演义》增添了几个细节：孙权尊让曹操，派人选了大柑子四十余担，星夜送往邺郡。途中脚夫休息，左慈帮忙挑了五里路，凡是左慈挑过的担子都变轻了。到了邺郡，取柑人将柑子呈给曹操，只有空壳，里面的肉全没了。曹操发怒，左慈笑道：“岂有此事。”取柑剖之，内皆有肉，其味甚甜。而凡是曹操剖开的，尽是空壳。冬天里曹操想要牡丹花，左慈说：“易耳。”于是左慈取来一只大花盆，向里面喷了些水，顷刻便生出一株牡丹，开放双花。这两个细节，含蓄表达了这样一种观念：艳丽如牡丹者，美味如鲈鱼者，都是凭空而来，本质是空；而柑肉虽实有，才入操手，便已成空。联系到曹操称魏王、图汉鼎，又何尝不是竹篮打水一场空？联系到群雄纷争，争到最后，不也还是无边无际的空？故小说引诗证曰：“等闲施设神仙术，点悟曹瞒不转头。”神仙几番指点，只可惜曹操悟不出来。

毛宗岗在这一回的总评中叹道：汉家箫鼓，魏国山河，不转盼而夕阳流水；吴宫花草，晋代衣冠，曾几时而幽径荒丘。汉也、魏也、吴也、晋也，殆无一非空者也。知过去之为空，即知现前之亦是空。脱手而后空，即入手时亦未始不空。操若能知此意，则王位可以不贪，乘舆可以不僭，而汉祚可以不窃矣。

毛宗岗偏爱“掌故的三国”。从他对左慈的叙写和对曹操的感叹，可以使读者对《三国演义》的掌故风味有更亲切的体味。

四 狂生祢衡

黄祖才非长者俦
祢衡珠碎此江头
今来鹦鹉洲边过
惟有无情碧水流

有人说，祢衡太目中无人了。这话没错。他竟嘲笑曹操手下的那些谋臣武将都是些“水货”：“荀彧可使吊丧问疾，荀攸可使看墩守墓，程昱可使关门闭户，郭嘉可使白词念赋，张辽可使击鼓鸣金，许褚可使牧牛放马，乐进可使取状读诏，李典可使传书送檄，吕虔可使磨刀铸剑，满宠可使饮酒食糟，于禁可使负版筑墙，徐晃可使屠猪杀犬；夏侯惇称为‘完体将军’，曹子孝呼为‘要钱太守’。其余皆是衣架、饭囊、酒桶、肉袋耳！”

祢衡骂得倒是畅快，但显然不符合实际。这些人或深谋远略，或勇武超群，都是有真本事的。倒是祢衡说自己“天文地理，无一不通；三教九流，无所不晓；上可以致君为尧、舜，下可以配德于孔、颜”，未免自视太高了。即便真有此等才学道德，也应该让别人来说。“自我表扬”，总不免有夸口之嫌。

也有人说，既然祢衡自命清高，孤芳自赏，你就不应跻身庙堂，而应逍遥江湖。这话也是有道理的。孔融把他推荐给曹操，曹操召他，他就来了，而且还给曹操行了礼。只因曹操没有请他坐，礼数不够，便把曹操的部下臭骂一顿。曹操恨他，想杀他，又怕被天下人指责为不能容人，于是就任命祢衡为鼓吏，一个地位很低的职务，以此羞辱他。没想到却被祢衡羞辱了一顿。在宴会上，曹操令鼓吏击鼓。按规定，击鼓须穿新衣。但祢衡却身穿旧衣，击起了《渔阳三挝》。

看得出来，祢衡的音乐才华的确很高，在座的宾客听了他那“渊渊有金石声”的鼓乐，无不感慨流涕。左右喝问他为何不更衣，祢衡干脆连旧衣服也脱了，光着身子立在大厅中央。这个举动当然更加惊世骇俗，宾客们——想必都是男宾——都羞愧得用手遮住脸。祢衡这才把裤子穿起来，脸色没有丝毫变化。曹操骂他：“庙堂之上，何太无礼？”这一骂却像导火索一样，引发了祢衡尽兴的痛骂：“欺君罔上乃谓无礼。吾露父母之形，以显清白之体耳！”曹操问：“汝为清白，谁为污浊？”祢衡骂道：“汝不识贤愚，是眼浊也；不读诗书，是口浊也；不纳忠言，是耳浊也；不通古今，是身浊也；不容诸侯，是腹浊也；常怀篡逆，是心浊也！吾乃天下名士，用为鼓吏，是犹阳货轻仲尼，臧仓毁孟子耳！欲成王霸之业，而如此轻人耶？”

曹操受不了如此羞辱，但不好亲自杀他，便把他派到刘表那里。祢衡到了荆州，表面上对刘表歌功颂德，实质上暗含讥讽。刘表也受不了，又不想背害贤之名，便把祢衡派到黄祖那儿。一天，黄祖与祢衡都喝醉了酒，黄祖问他：你在许都时都有些什么人物？祢衡说：大儿孔文举（孔融），小儿杨德祖（杨修），除此二人，别无人物。黄祖又问：那你看我怎么样？祢衡答道：你就好比庙中的神像，虽经常受人祭祀，却不灵验！黄祖大怒，便斩了他。祢衡至死骂不绝口。死后刘表将他葬在鹦鹉洲边。小说引诗叹道：

黄祖才非长者俦，祢衡珠碎此江头。

今来鹦鹉洲边过，惟有无情碧水流。

就个体而言，祢衡的命运确乎是悲剧性的。祢衡写过一篇《鹦鹉赋》，悲叹鹦鹉的才质可比鸾凤，如今却离群丧侣，俯仰于笼槛之中。不凡的才华、独立的人格、悲剧的命运，历代才高命蹇的读书人在这里找到了共鸣。李白从夜郎流放遇赦归来，途经鹦鹉洲（因祢衡在此洲上写出《鹦鹉赋》而得名），触景生情，不禁挥笔写道：

魏帝营八极，蚁观一祢衡。
黄祖斗筲人，杀之受恶名。
吴江赋《鹦鹉》，落笔超群英。
锵锵振金玉，句句欲飞鸣。
鸷鹗啄孤凤，千春伤我情。
五岳起方寸，隐然讵可平？
才高竟何施，寡识冒天刑。
至今芳洲上，兰蕙不忍生。

（《望鹦鹉洲悲祢衡》）

悲情所至，连兰蕙也痛不欲生了。

但换一个角度看，答案可能有所不同。

在中国文化中，由于没有制约世俗权贵的宗教权威，这一重担便由“狂生”承担了起来。因此，狂狷是被中国文化所认同和尊重的。孔子认为“狂者进取，狷者有所不为”，庄子认为“狂言”乃是不被世俗之人所理解的至言。别的如“狂夫之言，圣人择焉”，“民之胥好，狂狷乃圣”等说法，也一以贯之地显示出中国文化对狂狷的半宗教式崇拜。就此而言，祢衡的意义已经远远超越了“骂曹”。作为一种象征，“狂”具有震慑世俗权贵的力量，具有独立不群的人格意义。

明代中叶有个人特别崇敬祢衡，他就是徐渭。徐渭也是一介“狂生”，对于权贵，他总是满不在乎。比如，胡宗宪身为总督，威震东南，军人们见了，个个“膝语蛇行”，不敢抬头，唯有徐渭，以一秀才而任意谈笑，毫无忌惮。徐渭的杂剧《四声猿》，第一个就是《狂鼓史渔阳三弄》，写祢衡在阴间应判官之请，重拘曹操亡魂，表演生前骂曹的情景，一直骂到曹操临终时“分香卖履”之事，更为痛快淋漓。

徐渭以一支《混江龙》曲开骂：

> 他那里开筵下榻，教俺操槌按板把鼓来挝，正好俺借槌来打落，又合着击鼓攻他。俺这骂一句句锋芒飞剑戟，俺这鼓一声声霹雳卷风沙。曹操，这皮是你身儿上躯壳，达槌是你肘儿下肋巴；这钉孔儿是你心窝里毛窃，这板仗儿是你嘴儿上獠牙；两头蒙总打得你泼皮穿，一时间也酹不尽你亏心大。且从头数起，洗耳听咱。

这一剧作在当时受到很多文人的喜爱和高度评价。正是祢衡那狂恣的个性、不屈的灵魂，为那些失意文人提供了宣泄“英雄失路、托足无门之悲”（明袁宏道《徐文长传》）的精神慰藉。

掌故的三国，把祢衡的狂转化成了狷，风味虽有所不同，品位却依然相近。

结束语

民间的三国与历史的三国，确实有很多不同。这些不同，并不是对历史的随意改变，而是与历史之间有着某种深刻的联系。《三国演义》所写到的那些最重要的政治、军事事件，与历史都是基本一致的。比方说，在官渡之战中，曹操打败了袁绍；在赤壁之战中，孙、刘联军打败了曹操；在彝陵之战中，陆逊打败了刘备。所有这些都与历史事实保持了一致。而《三国演义》不同于历史的地方，主要是一些并不改变基本历史事实的细节，有的是为了表达作者的感情倾向，有的是对历史的某一方面做进一步渲染，有的是为了增加阅读趣味。而掌故的三国，则不仅丰富了《三国演义》的内容，也体现了一种“古今多少事，都付笑谈中”的人生态度。

历史的三国、民间的三国和掌故的三国，各有其特点，各有其价值。一个成熟的读者，善于从多个维度来读“三国”，如果拘泥于某一维度，不仅不能读懂作品，也会造成生活态度的偏执。

后记

《英雄时代：陈文新品评多维三国》一书的主体是根据我 2014 年春录制的视频公开课《历史的三国与“演义”的三国》整理而成的，行文仍然带有课堂讲述的一些特点。在视频课录制过程中，门下江俊伟不辞辛劳，事无巨细，忙前忙后。她还抽空整理了一份文字稿，详加注释，提醒我改正了不少口误。“谁云骑马胜骑牛”“是非成败转头空”“狂生祢衡”三节由鲁小俊教授执笔。他们的鼎力相助，令人感动。河南人民出版社副总编辑杨光君的约稿促成了本书的问世，也一并深致谢忱！

《历史的三国与“演义”的三国》2015 年获批为国家精品视频公开课，收视率甚高。2022 年 4 月，日本电视台 BS12 频道在黄金时段晚 7 时予以播放，课名改为《三国的世界》，同样受到日本观众的欢迎。期待这本小书也像视频课一样能得到广大读者的青睐。

陈文新

2022 年 4 月 15 日于珞珈山寓所

ISBN 978-7-215-13172-9
定价：52.00元